高等职业院校重点建设专业校企合作教材

Qiche Fadongji Jixie Xitong Gouzao yu Weixiu
汽车发动机机械系统构造与维修

主　编　苟春梅　孙华伟
副主编　吴　民　董　静
主　审　段明社　百合提努尔

人民交通出版社股份有限公司
China Communications Press Co.,Ltd.

内 容 提 要

本书介绍了汽车发动机各组成部分的结构、工作原理和常见维护与检修项目，主要内容包括汽车发动机的总成认知、曲柄连杆机构的拆装与检修、配气机构的拆装与检修、电控汽油喷射系统的拆装与检测、润滑系统的拆装与检测、冷却系统的拆装与检测、汽油发动机机械总成大修，共七个项目。

本书为高等职业学校汽车运用与维修专业的教学用书，也可作为各类汽车发动机维修职业培训用书，以及从事汽车发动机修理工作的技术人员参考用书。

图书在版编目（CIP）数据

汽车发动机机械系统构造与维修 / 苟春梅，孙华伟主编. —北京：人民交通出版社股份有限公司，2017.8
高等职业院校重点建设专业校企合作教材
ISBN 978-7-114-14150-8

Ⅰ.①汽… Ⅱ.①苟… ②孙… Ⅲ.①汽车—发动机—机械系统—构造—高等职业教育—教材 ②汽车—发动机—机械系统—车辆修理—高等职业教育—教材 Ⅳ.①U472.43

中国版本图书馆 CIP 数据核字（2017）第 216203 号

高等职业院校重点建设专业校企合作教材

书　　名：	汽车发动机机械系统构造与维修
著 作 者：	苟春梅　孙华伟
责任编辑：	司昌静　张江成
出版发行：	人民交通出版社股份有限公司
地　　址：	(100011) 北京市朝阳区安定门外外馆斜街3号
网　　址：	http://www.ccpress.com.cn
销售电话：	(010)59757973
总 经 销：	人民交通出版社股份有限公司发行部
经　　销：	各地新华书店
印　　刷：	北京鑫正大印刷有限公司
开　　本：	787×1092　1/16
印　　张：	13
字　　数：	320千
版　　次：	2017年8月　第1版
印　　次：	2017年8月　第1次印刷
书　　号：	ISBN 978-7-114-14150-8
定　　价：	39.00元

（有印刷、装订质量问题的图书由本公司负责调换）

前言

  《国家中长期教育改革和发展规划纲要(2010—2020年)》中提出：大力发展职业教育,把职业教育纳入经济社会发展和产业发展规划,把提高质量作为重点;以服务为宗旨,以就业为导向,推进教育教学改革;实行工学结合、校企合作、顶岗实习的人才培养模式;满足人民群众接受职业教育的需求,满足经济社会对高素质劳动者和技能型人才的需要。

  职业教育的发展已成为国家当前教育发展的战略重点之一,但目前的汽车运用与维修专业及专业群的教材普遍存在以下几个方面的问题：

  (1)教材选取内容过于陈旧,无法与汽车发展速度相适应;

  (2)教材内容脱离实际,与企业的需求差距很大。

  针对以上问题,新疆交通职业技术学院汽车运用与维修专业教学团队合力编写了本教材,教材的特点是：

  (1)简单易学,图文并茂。本教材以图解为主,强调图文并茂,简化技术理论,将抽象深奥的知识简单化、形象化和感性化,使学生一看就懂,一看就明,以便增强学生的学习兴趣。

  (2)内容实用,联系实际。在技能操作部分围绕厂家实际操作规范,强调了理论与实际的结合,在学中做,在做中学,使学生更容易掌握有用的知识。

  本书由新疆交通职业技术学院苟春梅、孙华伟担任主编,吴民、董静担任副主编,参加编写的还有加克·乌云才次克、杨意品、曹兴举、李世云、赵殿津(乌鲁木齐市奔宝迪汽车服务有限公司)。

  限于编者的经历和水平,书中难免有不妥或错误之处,敬请广大读者批评指正,提出修改意见和建议,以便再版时改正。

作 者

2017年5月

目 录
CONTENTS

项目一 汽车发动机的总成认知 ························· 1
  任务一 发动机的基本知识 ························· 1
  任务二 汽车维修安全知识 ························· 12
  任务三 常用发动机拆装工具使用规范及安全操作 ············· 16
  任务四 常用量具的使用 ·························· 28

项目二 曲柄连杆机构的拆装与检修 ····················· 32
  任务一 机体组认知 ···························· 33
  任务二 曲柄连杆机构的拆装 ······················· 43
  任务三 活塞连杆组认知 ·························· 47
  任务四 活塞连杆组的检测与更换 ····················· 57
  任务五 曲轴飞轮组认知 ·························· 63
  任务六 曲轴的检测 ···························· 72
  任务七 汽缸磨损度的检测 ························· 76

项目三 配气机构的拆装与检修 ······················· 81
  任务一 气门组认知 ···························· 81
  任务二 气门间隙的检测及调整 ······················ 86
  任务三 气门传动组认知 ·························· 90
  任务四 配气正时 ····························· 94
  任务五 配气机构的拆装 ·························· 101

项目四 电控汽油喷射系统的拆装与检测 ··················· 108
  任务一 空气供给系统认知 ························· 108
  任务二 空气滤清器的清洁及节气门的清洗 ················· 115
  任务三 燃油供给系统认知 ························· 119
  任务四 喷油器的检查与更换 ······················· 128
  任务五 汽车排气系统认知 ························· 132

  任务六 电子控制系统认知 …………………………………………… 138
项目五 润滑系统的拆装与检测 ……………………………………………… 145
  任务一 润滑系统认知 ………………………………………………… 145
  任务二 润滑油及机油滤清器的更换 ………………………………… 153
项目六 冷却系统的拆装与检测 ……………………………………………… 163
  任务一 冷却系统认知 ………………………………………………… 163
  任务二 节温器检测及更换 …………………………………………… 169
  任务三 冷却液的更换 ………………………………………………… 173
项目七 汽油发动机机械总成大修 …………………………………………… 178
  任务一 汽油发动机机械总成大修概述 …………………………… 178
  任务二 汽油发动机整体拆装 ………………………………………… 185

项目一　汽车发动机的总成认知

> 👉 **知识目标**
> 1. 掌握发动机的基本知识。
> 2. 重视汽车维修工作中的人身安全。
> 3. 掌握常用发动机拆装工具使用规范及安全操作。
> 4. 掌握常用发动机拆装量具使用。
>
> 👉 **能力目标**
> 1. 正确规范地使用工具和设备。
> 2. 能够与人良好沟通、团队协作。

任务一　发动机的基本知识

**任务目标**

1. 了解发动机的功用及分类。
2. 掌握四冲程汽油发动机工作原理。
3. 掌握汽油发动机一般组成。

引导问题1

很多初级车友反映,经常在汽车资料的发动机一栏或者发动机罩上见到"L4""V6""V8""W12"等字样,你能为他们解释这是什么意思吗?

一、发动机概述

现在的汽车大部分使用往复活塞式内燃机。燃料在发动机汽缸内部燃烧,把产生的热能转变成机械能。

随着科技的进步,人们不断研制出不同用途、多种类型的发动机。但是,不管哪种发动机,它的基本前提都是以某种燃料的燃烧产生动力。所以,以电为能量来源的电动机,不属于发动机的范畴。

二、发动机分类

1. 按冲程数分类

根据活塞在汽缸内的工作循环次数,可分为二冲程发动机、四冲程发动机、六冲程发动机。

二冲程发动机要完成一个工作循环,活塞在汽缸内往复2个行程。其工作原理如图1-1所示。

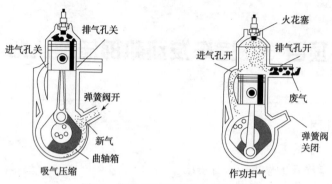

图1-1 直列式二冲程汽油机工作原理

四冲程发动机要完成一个工作循环,活塞在汽缸内需要往返4个行程(即曲轴转2圈),发动机每个工作循环是由进气行程、压缩行程、做功行程和排气行程组成,将在四冲程发动机工作原理中做具体介绍。

六冲程发动机则利用部分散发的热能制造蒸汽,以回收部分本来会损失的能量。在普通四冲程发动机的"进气—压缩—做功—排气"四个行程之后,第五个行程开始的时候,把水喷进炽热的汽缸里面,水马上就变成了温度高达816°的水蒸气,体积急剧膨胀1600倍,同时汽缸内压强急剧增大,推动活塞再次做功。如此一来,每6个行程中就出现2个做功行程,而消耗的燃油却没有变化。到了第六个行程,发动机把水蒸气排放到一个冷却器,水蒸气在冷却器内重新变成水。

目前,包括宝马、本田在内的国际企业正在开发六冲程内燃机产品,六冲程发动机作为一种并不新鲜的事物,能否在未来推动内燃机技术的发展,还取决于工程师们可否攻破六冲程发动机技术难题。

图1-2是新型六冲程发动机,涉及现有内燃发动机的高压油泵、喷油嘴、冷却循环管路、活塞、汽缸,其特征在于在缸盖上设两个喷嘴(一个喷油嘴,一个喷水嘴),在发动机一边安装一个高压水泵,喷油嘴的进油管接高压油泵出口,喷水嘴的进水管接高压水泵的出口,高压水泵进水管接水箱的出口,改变油嘴的喷油角度,改变排气角度,增加喷水角度,使活塞产生6个行程,即三个行程后增加一个气门开放排气行程,增加一个喷水汽化做功行程,增加一个排气行程。

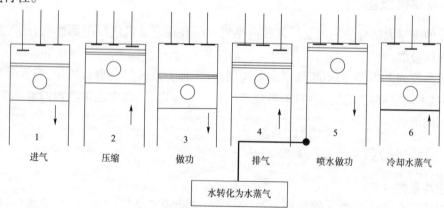

图1-2 新型六冲程发动机(六冲程节油内燃发动机)的草图

2. 按冷却方式分类

按冷却方式的不同,可分为水冷发动机、风冷发动机。最常见的是水冷发动机,而风冷发动机主要应用于摩托车上(图1-3)。

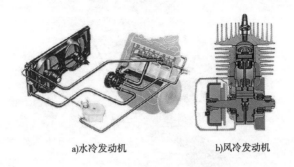

a)水冷发动机　　b)风冷发动机

图1-3　水冷发动机和风冷发动机

3. 按进气状态分类

发动机的进气方式是指燃油发动机在工作时其空气进入发动机的形式。目前常见的发动机涡轮增压、机械增压工作原理分别如图1-4、图1-5所示。进气形式可分为自然吸气、涡轮增压、双涡轮增压、机械增压和双增压。

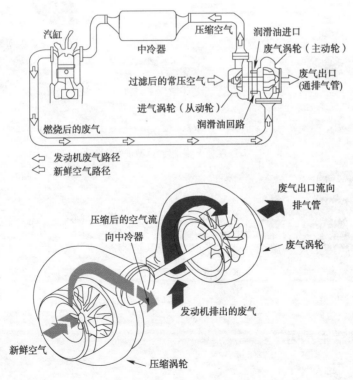

图1-4　涡轮增压器工作原理

4. 按汽缸布置方式分类

汽缸排列形式,是指多汽缸内燃机各个汽缸排布的形式。目前,主流发动机汽缸排列形式有L型直列式、V型、W型(图1-6),以及水平对置发动机、R型转子发动机(图1-7)。

3

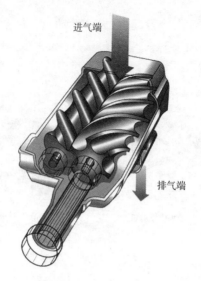

图 1-5 机械增压器工作原理

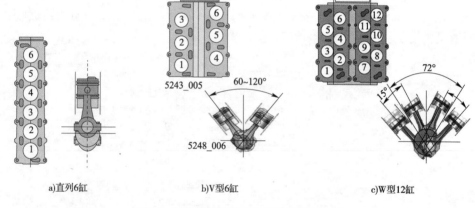

a)直列6缸　　　　　　b)V型6缸　　　　　　c)W型12缸

图 1-6　L 型直列、V 型排列、W 型排列的发动机

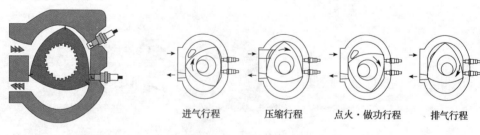

进气行程　　　压缩行程　　　点火·做功行程　　　排气行程

图 1-7　转子发动机结构及工作原理

三、发动机常用术语

发动机常见术语如下：

发动机常用术语示意如图 1-8 所示。

（1）上止点：活塞离曲轴回转中心最远处，一般指活塞上行到最高位置，TDC。

（2）下止点：活塞离曲轴回转中心最近处，一般指活塞下行到最低位置，BDC。

（3）活塞行程：上、下止点间的距离，单位 mm。

(4)曲轴半径:与连杆下端(大头)项链的曲轴销中心到曲轴回转中心的距离,单位 mm。$S=2R$,曲轴每转一周,活塞移动两个行程。

(5)汽缸工作容积:活塞从上止点到下止点所让出的空间体积,单位 L。

$$V_h = \frac{\pi D^2 S}{4 \times 10^6} \quad (L)$$

式中:D——汽缸直径,mm。

(6)汽缸总容积:活塞在下止点时,活塞上方的容积称为汽缸总容积。它等于汽缸工作容积与燃烧室容积之和,即

$$V_a = V_h + V_c$$

(7)压缩比:汽缸总容积与燃烧室容积之比称为压缩比,用 ε 表示。例如,现代汽车发动机压缩比一般为 8~11(轿车有的达 10 以上),柴油机压缩比为 16~22。

$$\varepsilon = \frac{V_a}{V_c} = \frac{V_h + V_c}{V_c} = 1 + \frac{V_h}{V_c}$$

式中:V_a——汽缸容积;
　　　V_h——汽缸工作容积;
　　　V_c——燃烧室容积。

(8)工作循环:对于往复式发动机,每进行一次能量转换,均要经过进气、压缩、做功、排气四个过程。这种周而复始的连续过程,称为发动机的一个工作循环。

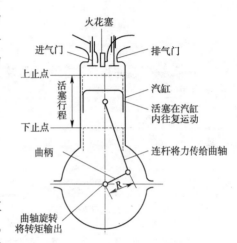

图1-8 发动机常用术语示意图

(9)发动机排量:多缸发动机各汽缸工作容积的总和,称为发动机排量,用 V_L 表示。

$$V_L = V_h \times i$$

式中:V_h——汽缸工作容积(汽缸排量);
　　　i——汽缸数目。

引导问题 2

根据四冲程汽油机各行程工作图和示功图,你能使用专业术语写出在每个行程中发生的变化吗?

四、四冲程汽油机工作原理

汽油机是将空气与汽油以一定的比例混合成良好的混合气,在进气行程被吸入汽缸,混合气经压缩点火燃烧而产生热能,高温高压的气体作用于活塞顶部,推动活塞作往复直线运动,通过连杆、曲轴飞轮机构对外输出机械能。四冲程汽油机在进气行程、压缩行程、做功行程和排气行程内完成一个工作循环(图1-9)。

在活塞式发动机的一个循环中,汽缸内气体压力随活塞位移(或汽缸内容积)而变化,形成循环曲线。循环曲线所包围的面积可表示为发动机所做的功或所消耗的功,故称为示功图(图1-10),它可用示功器测录。示功图除了表示做功或耗功的大小以外,常常用来分析研究以至改善汽缸内的工作过程。

配气相位就是进、排气门的实际开闭时刻,通常用相对于上、下止点曲拐位置的曲轴转角的环形图来表示(图1-11)。

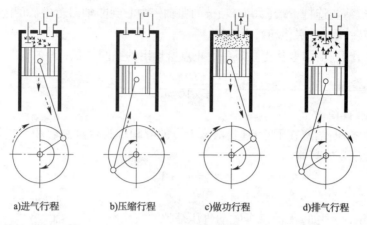

图1-9 四冲程汽油机工作原理

下面,根据四冲程汽油机示功图及配气相位图,来分析汽油机在进气、压缩、做功、排气四个行程中发生的变化。

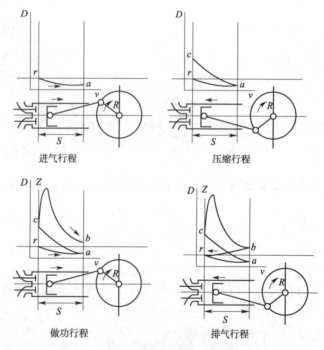

图1-10 四冲程汽油机示功图

1. 进气行程

活塞由曲轴带动从上止点向下止点运动。进气门打开,排气门关闭。活塞上腔容积增大,在真空吸力的作用下,经过滤清器的空气与汽油形成混合气,经进气门被吸入汽缸,至活塞运动到下止点,进气门关闭,停止进气,进气行程结束。进气终了时汽缸内压强为 0.074～0.093MPa,温度上升至 353～403K。

2. 压缩行程

活塞在曲轴的带动下,从下止点向上止点运动。进、排气门均关闭。活塞上腔容积不断减小,混合气被压缩,至活塞到达上止点时,压缩行程结束。气体压力和温度同时升高,混合气进一步混合,形成可燃混合气。压缩行程中汽缸内压力为 600～1500kPa,温度 600～

800K,远高于汽油的点燃温度,因为很容易点燃。

3. 做功行程

压缩行程末,火花塞产生电火花,点燃汽缸内的可燃混合气,并迅速着火燃烧,气体产生高温、高压。推动活塞由上止点向下止点运动,再通过连杆驱动曲轴旋转向外输出做功。做功中汽缸内最高压强可达 3～5MPa,最高温度可达 2200～2800K;做功终了时汽缸内压强下降至 0.3～0.5MPa,温度下降至 1300～1600K。

4. 排气行程

排气行程开始,排气门开启,进气门仍然关闭,曲轴通过连杆带动活塞由下止点移至上止点,此时膨胀过后的燃烧气体在其自身剩余压力和活塞的推动下,排气门排出汽缸之外。当活塞到达上止点时,排气行程结束,排气门关闭。排气终了时汽缸内压强下降至 0.102～0.120MPa,温度下降至 900～1200K。

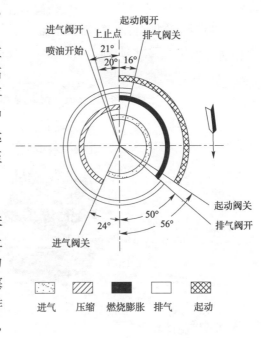

图 1-11 配气相位图

五、汽油机的总体结构认识

现代汽车发动机是一部由许多机构和系统组成的复杂机器,其结构形式多种多样,其具体构造也千差万别,但是由于基本工作原理相同,所以其系统构成大同小异。就往复活塞式发动机而言,通常是由曲柄连杆机构、配气机构、燃油供给系统、润滑系统、冷却系统、起动系统组成,如果是汽油机还应有点火系统;如果是增压发动机则还有增压系统。汽油机的总成结构如图 1-12 所示。

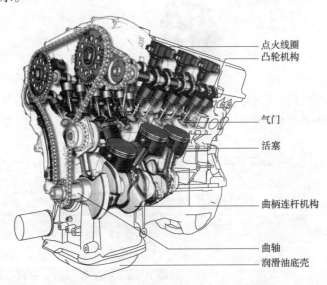

图 1-12 汽油发动机总成结构

1. 曲柄连杆机构

曲柄连杆机构由机体组、活塞连杆组、曲轴飞轮组三部分组成(图 1-13)。

(1)机体组:汽缸体、汽缸垫、汽缸盖、曲轴箱及油底壳、汽缸套。
(2)活塞连杆组:活塞、活塞环、活塞销、连杆。
(3)曲轴飞轮组:曲轴、飞轮、扭转减振器、平衡轴。

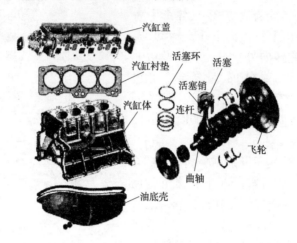

图1-13 曲柄连杆机构

2. 配气机构

配气机构主要由气门组和气门传动组组成(图1-14)。

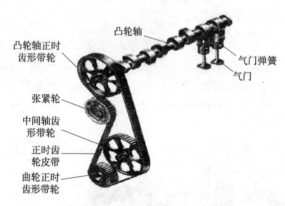

图1-14 配气机构

(1)气门组包括气门、气门导管、气门座及气门弹簧等零件。
(2)气门传动组主要包括凸轮轴、正时齿轮、挺柱及其导管、推杆、摇臂和摇臂轴等。

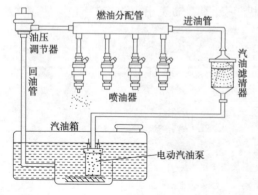

图1-15 燃油供给系统

3. 燃油供给系统

汽油燃油供给系统由三部分组成,即空气供给、燃油供给、进排气系统(图1-15)。

(1)空气供给:空气滤清器、进气软管、节气门、进气歧管等。

(2)燃油供给:汽油箱、汽油泵、进油(回油)管路、汽油滤清器、高压油轨、喷油嘴、油压调节阀等。

(3)进排气系统:进气歧管、进气门、排气门、排气歧管、三元催化器、排气管。

4. 润滑系统

发动机的润滑系统一般由机油泵、机油滤清器、机油冷却器及集滤器组成。此外,润滑系统还包括机油压力表、温度表、压力传感器、机油压力指示灯及机油道等(图1-16)。

5. 冷却系统

在整个冷却系统中,常用的冷却介质是冷却液,则主要零部件有节温器、水泵、水泵传动带、散热器、散热风扇、水温感应器、蓄液罐、采暖装置(类似散热器)(图1-17)。

6. 点火系统

传统点火系统主要由电源(蓄电池和发电机)、点火开关、点火线圈、电容器、断电器、配电器、火花塞、阻尼电阻和高压导线等组成(图1-18)。

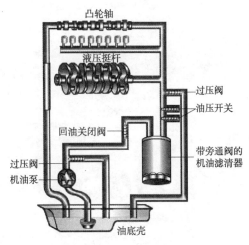

图1-16 润滑系统

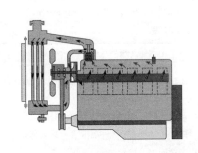

图1-17 冷却系统

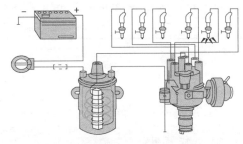

图1-18 传统点火系统(蓄电池点火系统)

电子点火系统以蓄电池和发电机为电源,由点火线圈和半导体器件(晶体三极管)组成的点火控制器将电源提供的低压电转变为高压电,再通过分电器分配到各缸火花塞,使火花塞两电极之间产生电火花,点燃可燃混合气(图1-19)。

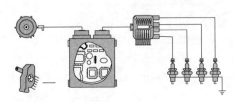

图1-19 电子点火系统

微机控制点火系统也以蓄电池和发电机为电源,由点火线圈将电源的低压电转变为高压电,再由分电器将高压电分配到各缸火花塞,并由微机控制点火系统根据各种传感器提供的反映发动机工况的信息,发出点火控制信号,控制点火时刻,点燃可燃混合气。它还可以取消分电器,由微机控制点火系统直接将高压电分配给各缸。微机控制点火系统是目前最新型的点火系统,已广泛应用于各种中、高级轿车中(图1-20)。

7. 起动系统

电力起动机系统(图1-21)都是由直流串励式电动机、传动机构和控制装置三大部分组成。

(1)直流串励式电动机,其作用是产生电磁转矩。

(2)传动机构(或称啮合机构),其作用是:在发动机起动时,使起动机小齿轮啮入飞轮齿圈,将起动机转矩传给发动机曲轴;而在发动机起动后,使起动机自动脱开飞轮齿圈。

(3)控制装置(即开关)用来接通与截断起动机与蓄电池间的电路。

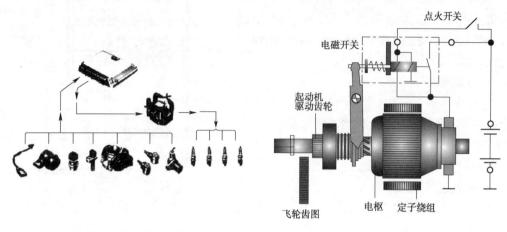

图1-20 微机控制点火系统　　　　　　图1-21 起动系统

引导问题3

根据汽油机的结构图,查询相关资料,完成各组成与其功用的连线(表1-1)。

汽油机各组成部分与功用连线　　　　　　　　　　表1-1

组成		功用
两大机构	曲柄连杆机构	利用冷却液或风扇冷却高温零件,并通过散热器将热量散发到大气中去,从而保证发动机的使用寿命
	配气机构	将燃料燃烧所产生的热能,经机构由活塞的直线往复运动,转变为曲轴旋转运动而对外输出动力
五大系统	燃料系统	根据发动机不同工况的要求,配制一定数量和浓度的可燃混合气体,供入汽缸,并在燃烧做功后将燃烧后的废气排至大气中
	润滑系统	带动飞轮旋转,以获得必要的动能和起动转速,使静止的发动机起动
	冷却系统	按照发动机各缸工作顺序和工作循环的要求,定时的将各缸排气门打开或关闭,以便发动机进行换气过程
	点火系统	将润滑油分送至各个摩擦件的摩擦面,以减小摩擦力,减缓机件磨损,并清洗、冷却摩擦表面,从而延长发动机的使用寿命
	起动系统	按一定时刻向汽缸内提供电火花,以点燃缸内可燃混合气体

知识拓展

假设你是一名销售人员,请你向客户解释图1-22所示发动机型号及所代表的含义。

一、基础资料

发动机型号及含义如图 1-22 所示。

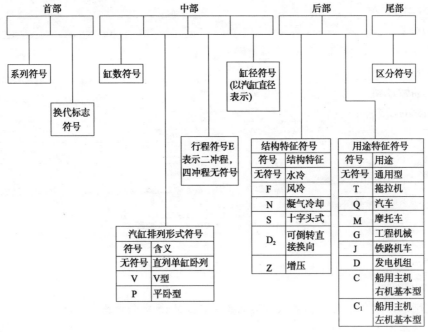

图 1-22　发动机型号及含义

二、应用

1. 丰田公司（以 3S-GTE 为例，图 1-23）

图 1-23　3S-GTE 发动机型号表示示例

2. 本田公司（以 F23A 为例，图 1-24）

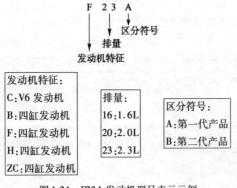

图 1-24　F23A 发动机型号表示示例

三、下面你来试试

1. 汽油机

1E65F/P:表示＿＿＿＿＿＿＿＿＿＿＿＿＿＿＿＿＿＿＿＿＿＿＿＿＿＿＿＿＿＿

492Q/P－A:表示＿＿＿＿＿＿＿＿＿＿＿＿＿＿＿＿＿＿＿＿＿＿＿＿＿＿＿＿

TJ376Q:表示＿＿＿＿＿＿＿＿＿＿＿＿＿＿＿＿＿＿＿＿＿＿＿＿＿＿＿＿＿＿

CA488:表示＿＿＿＿＿＿＿＿＿＿＿＿＿＿＿＿＿＿＿＿＿＿＿＿＿＿＿＿＿＿＿

2. 柴油发动机

YZ6102Q:表示＿＿＿＿＿＿＿＿＿＿＿＿＿＿＿＿＿＿＿＿＿＿＿＿＿＿＿＿＿

165F:表示＿＿＿＿＿＿＿＿＿＿＿＿＿＿＿＿＿＿＿＿＿＿＿＿＿＿＿＿＿＿＿＿

6135Q:表示＿＿＿＿＿＿＿＿＿＿＿＿＿＿＿＿＿＿＿＿＿＿＿＿＿＿＿＿＿＿＿

X4105:表示＿＿＿＿＿＿＿＿＿＿＿＿＿＿＿＿＿＿＿＿＿＿＿＿＿＿＿＿＿＿＿

任务二　汽车维修安全知识

任务目标

1. 汽车维修工作中安全与事故预防的重要性及人身安全的基本预防。

2. 维修车间5S管理理念。

引导问题

假如你是一名4S店的管理人员,你将如何提高汽车修理工的安全意识?

一、工作安全与事故预防的重要性

汽车维修过程中的事故,很多是由于人为操作不当或者维修工间的杂乱无章所致,比如不正确使用机器或工具,穿着不合适的衣物,或由于技术员不小心造成的事故;机器或工具出现故障,缺少完整的安全装置,或者工作环境不良造成的事故;杂乱无章引起的事故。在凌乱的工作场所,常常会发生因绊倒、跌倒或滑倒而导致受伤的事故。还有一些事故是由于人们缺少认识造成的伤害,比如蓄电池内的电解液对人造成伤害;发动机的高温容易将人烫伤;燃料,如汽油既是清洗剂,又是易燃物;润滑油、润滑脂可能造成地面更溜滑;维修车间内的设备使用不当或损坏,将造成人员伤害;汽车排出的尾气是有毒的;因此在实验实训或者工作中要做到整洁有序,安全操作对事故的预防具有非常重要的意义。

1. 工作安全与事故预防的重要性

安全生产和事故预防是每名职工的必修课。以人为本的理论,世间一切事物中人是最宝贵的。发生事故造成对人的伤害,在严重时不可逆转,甚至危及生命;发生事故还可造成个人财产损失、单体经济损失。

2. 整洁车间特征

地面清洁不湿滑;火警应急出口畅通;器具存取通道无障碍;工具存放安全、方便;电气和压缩空气等动力输出源标记清楚明显并定期检查;工作场所灯光明亮;空气新鲜,工作环境舒适;固定设备或装置得到定期维护,并处于安全状态;工作场所的所有人员均受过使用常用设备的培训,并知道安全操作规程(图1-25)。

二、个人防护

在进行某项操作前,应掌握信息。使用设备前要认真阅读说明书,佩戴个人防护用品,如头罩、安全眼镜、防尘面具、工作服;正确使用工具。在汽车下作业时,应使用头部防护装置,防止因工具或物体掉落而受伤。

图 1-25 整洁的车间

1. 工装

工作服、工作帽是劳动保护用品,宽松的服装、长头发及悬挂的饰物易被运动的机器和零件挂住。

整齐的着装、正确穿戴工装如图1-26所示。

图 1-26 正确穿戴工装

2. 面部防护装置

面部防护装置有供气式呼吸器(图1-27)、口罩/防尘罩(图1-28)等。

图 1-27 供气式呼吸器

图 1-28 口罩/防尘罩

供气式呼吸器带外部供气系统、护眼、防毒、供气调节器的安全全面罩,可在全封闭环境(烤房、油库或地下管道等)进行作业。

口罩/防尘罩专用于研磨、清洁防尘、防灰。

3. 眼睛和耳朵的防护

眼睛和耳朵的防护用具,分别如图1-29、图1-30所示。

4. 手的防护

处理锋利或高温材料时,使用正确类型的手套(图1-31),可防止割伤或烫伤。

图1-29　眼罩　　　　图1-30　耳罩　　　　图1-31　手套

5. 脚的防护

劳保靴(图1-32)应该适合于从事的工作。鞋底应该防滑,脚趾部位应有防压铁板。

6. 以正确的姿势避免对身体造成伤害

搬运重物时,应采取正确的姿势,避免对身体造成伤害(图1-33)。

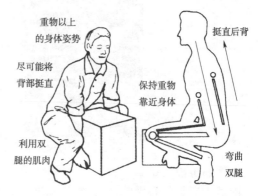

图1-32　劳保靴　　　　图1-33　以正确的姿势避免对身体造成伤害

三、维修车间5S理念

5S管理起源于日本,是指在生产现场中对人员、机器、材料、方法等生产要素进行有效的管理,这是日本企业一种独特的管理办法。因为这5个词日语中罗马拼音的第一个字母都是"S",所以简称为"5S"。开展以整理、整顿、清扫、清洁和素养为内容的管理活动,称为"5S"管理活动。

1. 整理(Seiri)

整理的定义:区分"要"与"不要"的物品,现场只保留必需的物品。

整理的意义:把"要"与"不要"的人、事、物分开,再将不需要的人、事、物加以处理,对生产现场的现实摆放和停滞的各种物品进行分类,区分什么是现场需要的,什么是现场不需要的;其次,对于现场不需要的物品,诸如用剩的材料、多余的半成品、切下的料头、切屑、垃圾、废品、多余的工具、报废的设备、工人的个人生活用品等,要坚决清理出生产现场,这项工作的重点在于坚决把现场不需要的东西清理掉。对于车间里各个工位或设备的前后、通道左右、厂房上下、工具箱内外，以及车间的各个死角，都要彻底搜寻和清理，达到现场无不用之物。

整理的目的：
(1) 改善和增加作业面积；
(2) 现场无杂物，行道通畅，提高工作效率；
(3) 减少磕碰的机会，保障安全，提高质量；
(4) 消除管理上的混放、混料等差错事故；
(5) 有利于减少库存量，节约资金；
(6) 改变作风，提高工作情绪。

宝马公司提倡的维修废弃物分类，如图1-34所示。

图1-34　宝马公司提倡的维修废弃物分类箱

2. 整顿（Seiton）

整顿的定义：必需品依规定定位、定方法摆放整齐有序，明确标示。

整顿的意义：把需要的人、事、物加以定量、定位。通过前一步整理后，对生产现场需要留下的物品进行科学合理的布置和摆放，以使用最快的速度取得所需之物，在最有效的规章、制度和最简捷的流程下完成作业。

整顿的目的：不浪费时间寻找物品，提高工作效率和产品质量，保障生产安全。

(1) 物品摆放要有固定的地点和区域，以便于寻找，消除因混放而造成的差错。

(2) 物品摆放地点要科学合理。例如，根据物品使用的频率，经常使用的东西应放得近些（如放在作业区内），偶尔使用或不常使用的东西则应放得远些（如集中放在车间某处）。

(3) 物品摆放目视化，使定量装载的物品做到过目知数，摆放不同物品的区域采用不同的色彩和标记加以区别。

维修工具分类摆放，如图1-35所示。

图1-35　维修工具分类摆放

3. 清扫（Seiso）

清扫的定义：清除现场内的脏污、清除作业区域的物料垃圾。

清扫的意义：将工作场所之污垢去除，保持工作场所清洁，方便维修操作，方便机具设备维护，方便查找车辆漏油、漏水故障，提高工作效率。

清扫（图1-36）的目的：清除"脏污"，保持现场干净、明亮。

(1) 自己使用的物品，如设备、工具等，要自己清扫，而不要依赖他人，不增加专门的清扫工。

(2) 对设备的清扫，着眼于对设备的维护。清扫设备要同设备的点检结合起来，清扫即点检；清扫设备要同时做设备的润滑工作，清扫也是维护的一项主要内容。

(3) 清扫也是为了改善。当清扫地面发现有飞屑和油水泄漏时，要查明原因，并采取措施加以改进。

图1-36　清扫

4. 清洁（Seiketsu）

清洁的定义：将整理、整顿、清扫实施的做法制度化、规范化，维持其成果。

清洁的意义:通过对整理、整顿、清扫活动的坚持与深入,从而消除发生安全事故的根源,创造一个良好的工作环境,使职工能愉快地工作。

清洁的目的:

(1)车间环境不仅要整齐,而且要做到清洁卫生(图1-37),保证工人身体健康,提高工人劳动热情。

(2)不仅物品要清洁,而且工人本身也要做到清洁,如工作服要清洁,仪表要整洁,及时理发、刮须、修指甲、洗澡等。

(3)工人不仅要做到形体上的清洁,而且要做到精神上的"清洁",待人要讲礼貌、要尊重别人。

图1-37 维修人员维修期间的清洁工作

(4)要使环境不受污染,进一步消除浑浊的空气、粉尘、噪声和污染源,消灭职业病。

四、素养(Shitsuke)

素养的定义:人人按章操作、依规行事,养成良好的习惯。

素养的目的:提升"人的品质",培养对任何工作都讲究认真的人。

素养的意义:努力提高人员的修身,使人员养成严格遵守规章制度的习惯和作风,是"5S"活动的核心。

良好素养的体现如图1-38所示。

图1-38 良好素养的体现

任务三 常用发动机拆装工具使用规范及安全操作

任务目标

1.会用发动机拆装工具。

2.理解发动机拆装工具使用规范。

3.理解常用发动机拆装工具安全操作规范。

任务名称	常用发动机拆装工具使用规范及安全操作	组长姓名	
实训日期		任务成绩	
情境预设	4S店都有工具间,如果你是工具管理员,将如何对其进行分类和管理?		

一、资讯

1. 是否可以用扳手代替手锤敲打轴承等,使零部件分离?

2. 工具分类有什么样的好处?

二、决策与计划

学习每件工具和测量仪器的功能和正确用法。如果超出工具和测量仪器的使用范围,工具或测量仪器会损坏,而且零件也会损坏或者导致工作质量降低。根据尺寸、位置和其他不同条件,不同的工具松开螺栓,要根据零件形状和工作场地(图1-39)选择适合的工具。工具和测量仪器要放在容易拿到的位置,使用后要放回原来的正确位置。要在使用后立即清洗并在需要的位置涂油。如需要修理就要立即进行,这样工具就可以永远处于完好状态。

请根据任务要求,确定汽车发动机维修常用工具,并对其进行归类。

三、实施执行

(一)一般成套拆装工具的认识与使用

成套螺栓、螺母套筒拆装工具如图1-40所示。

图1-39 工作场地示例

图1-40 成套螺栓、螺母套筒拆装工具

1. 套筒的使用

这种工具根据工作状态装上不同扳手和套筒后,可以轻松地拆下并更换螺栓/螺母。套筒的分类及结构如图1-41所示。套筒扳手接合器如图1-42所示。

(1)套筒尺寸,有大和小两种尺寸。大尺寸套筒可以获得较大的扭矩。

(2)套筒深度,有两种类型,即标准套筒和深套筒,后者比标准的深2~3倍。深套筒可用于螺栓突出的螺母,而不适于用标准型套筒。

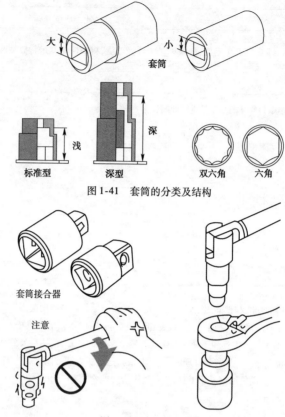

图 1-41 套筒的分类及结构

图 1-42 套筒接合器
（大转小/小转大）

（3）钳口，有两种类型，即双六角形和六角形。六角部分与螺栓/螺母的表面有很大的接触面，这样不容易损坏螺栓/螺母的表面。

利用一套套筒扳手夹持住螺栓/螺母，将其拆下或更换。

注意：超大力矩会将负载施加在套筒本身或小螺栓上。力矩要根据规定的拧紧极限施加。

对掌握的内容记录：

□认识工具的名称

□了解工具的使用范围

□能够正确使用

□工具清洁归位

2.万向节

套筒的方形套头部分可以前后或左右移动，万向节手柄和套筒扳手之间的角度可以自由变化，使其成为在有限空间内工作的有用工具。万向节套筒扳手的使用如图 1-43 所示。

注意：不要使手柄倾斜较大角度来施加扭矩；勿用于风动工具。球节由于不能吸收旋转摆动而脱开，并造成工具、零件或车辆损坏。

对掌握的内容记录：

□认识工具的名称

□了解工具的使用范围

□能够正确使用

□工具清洁归位

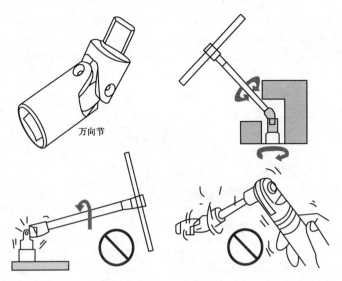

图1-43 万向节的使用

3. 套筒扳手加长杆
(1)可拆下和更换装得太深不易接触的螺栓/螺母。
(2)加长杆也用于将工具抬离平面一定高度,便于使用。
加长杆的使用如图1-44所示。

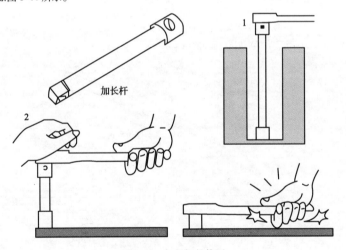

图1-44 加长杆的使用

对掌握的内容记录:
□认识工具的名称
□了解工具的使用范围
□能够正确使用
□工具清洁归位

4. 旋转手柄
旋转手柄用于拆下和更换要求用大力矩的螺栓/螺母。
(1)套筒扳手头部可作铰式移动,这样可以调整手柄的角度使与套筒扳手相配合。
(2)手柄滑动,允许改变手柄长度。
旋转手柄的使用如图1-45所示。

注意:滑移手柄直到其碰到使用前的锁紧位置。如果不在锁紧位置上,手柄在工作时可以滑进滑出,这样会改变维修工的工作姿势并造成人身伤害。

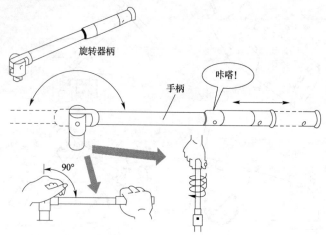

图 1-45　旋转手柄的使用

对掌握的内容记录:
□认识工具的名称
□了解工具的使用范围
□能够正确使用
□工具清洁归位

5. 滑动手柄

通过滑动套筒的套头部分,滑动手柄可以有两种使用方法(图1-46)。

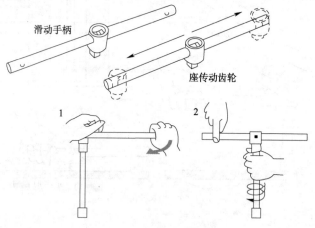

图 1-46　滑动手柄的使用
1-L形(增加扭矩);2-T形(增加速度)

对掌握的内容记录:
□认识工具的名称
□了解工具的使用范围
□能够正确使用
□工具清洁归位

6. 棘轮扳手

将棘轮扳手往左转可以拧紧螺栓/螺母,往右转可以松开扳手与螺栓/螺母的连接。

(1)螺栓/螺母可以不需要使用套筒扳手而单方向转动。
(2)套筒扳手可以以小的回转角锁住,可以在有限的空间中工作。
棘轮扳手的使用如图1-47所示。
注意:不要施加过大扭矩。这可能损坏棘爪的结构。

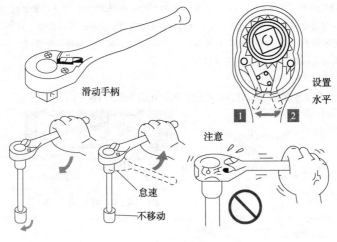

图1-47　棘轮扳手的使用

对掌握的内容记录:
□认识工具的名称
□了解工具的使用范围
□能够正确使用
□工具清洁归位

7. 梅花扳手

梅花扳手用于补充拧紧和类似操作中,可以对螺栓/螺母施加大扭矩。
(1)因为扳手钳口是双六角形的,可以容易地装配螺栓/螺母,这样在一个有限空间内可实现重新安装。
(2)由于螺栓/螺母的六角形表面被包住,因此没有损坏螺栓棱角的危险,并可施加大扭矩。
(3)由于轴是有角度的,因此可用于在凹下空间里或在平面上旋转螺栓/螺母。
梅花扳手的使用如图1-48所示。

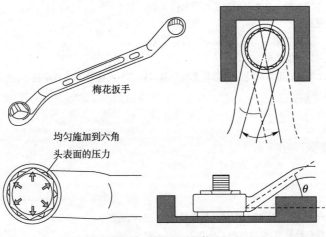

图1-48　梅花扳手的使用

对掌握的内容记录:
□认识工具的名称
□了解工具的使用范围
□能够正确使用
□工具清洁归位

8. 开口扳手

开口扳手用在不能用成套套筒扳手或梅花扳手拆除或更换螺栓/螺母的位置,最终拧紧螺栓/螺母。

(1)扳手钳口以一定角度与手柄相连。这意味着通过转动开口扳手(扳手),可在有限空间中进一步旋转。

(2)为防止相对的零件也转动,如在拧松一根燃油管时,用两个开口扳手去拧松一个螺母。

(3)扳手不能提供较大扭矩,由此不能用于最终拧紧。

开口扳手的使用如图1-49所示。

注意:不能在扳手手柄上接套管,否则会造成超大扭矩,损坏螺栓或开口扳手。

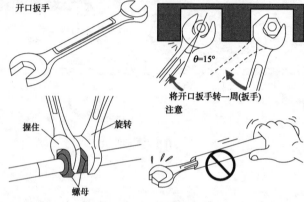

图1-49 开口扳手的使用

对掌握的内容记录:
□认识工具的名称
□了解工具的使用范围
□能够正确使用
□工具清洁归位

9. 可调扳手

可调扳手用于尺寸不规则的螺栓/螺母或压紧SST(专用维修工具)。

(1)旋转调节螺杆改变孔径。一个可调扳手可用来代替多个开口扳手。

(2)不适于施加大扭矩。

操作指导:转动调节螺杆,使孔径与螺栓/螺母头部配合完好。

可调扳手的应用如图1-50所示。

注意:使调节钳口在可调钳口旋转方向的非受力一侧。如果不用这种方法转动扳手,压力将作用在调节螺杆上,使其损坏。

对掌握的内容记录:
□认识工具的名称
□了解工具的使用范围
□能够正确使用
□工具清洁归位

10. 螺丝刀

螺丝刀用于拆卸和更换螺钉,分正负型号,具体型号取决于尖部的形状。

(1)使用尺寸合适的螺丝刀,与螺钉的槽大小合适。

(2)保持螺丝刀与螺钉尾端成直线,边用力边旋转。

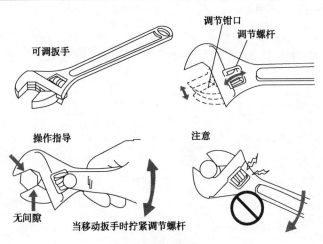

图 1-50 可调节扳手的应用

螺丝刀的应用如图 1-51 所示。
注意:切勿用鲤鱼钳或其他工具过度施加扭矩,这可能刮削螺钉的凹槽或损坏螺丝刀尖头。按照用途选择螺丝刀,虽然普通螺丝刀使用最频繁,但以下型号的螺丝刀也在不同用途下得以使用:
① 穿透螺丝刀,用于上紧固定螺钉。
② 短柄螺丝刀,可用在有限的空间内拆卸并更换螺钉。
③ 方柄螺丝刀,可用在需要大扭矩的地方。
④ 精密螺丝刀,可用以拆卸并更换小零件。

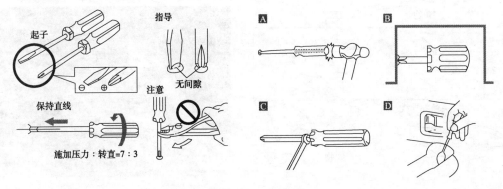

图 1-51 螺丝刀的应用

11. 尖嘴钳
用在密封式狭小的空间里操作或夹紧小零件。
(1) 钳子是长而细的,使其适于在密封式狭小空间里使用。
(2) 包括一个朝向颈部的刀片,可以切割细导线或从电线上去掉绝缘层。
尖嘴钳的使用如图 1-52 所示。
注意:切勿对钳子头部施加过大的压力。它们可以成 U 字形打开,使其不能用做精密工作。
对掌握的内容记录:
□认识工具的名称
□了解工具的使用范围
□能够正确使用
□工具清洁归位

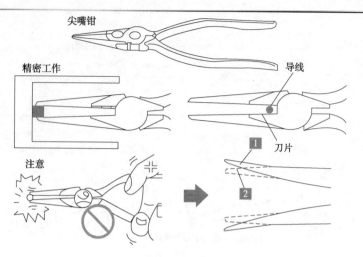

图 1-52 尖嘴钳的使用
1- 变形后；2- 变形前

12. 鲤鱼钳

(1) 改变支点上的孔的位置，使钳口打开的程度可以调节。
(2) 可用钳口夹紧或拉动。
(3) 可在颈部切断细导线。

鲤鱼钳的使用如图 1-53 所示。

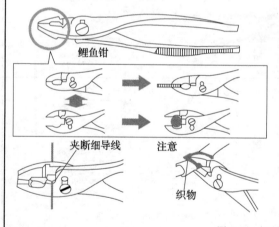

图 1-53 鲤鱼钳的使用

13. 锤子

可通过敲击来拆卸和更换零件，并且根据敲击声音来测试螺栓的松紧度。有以下类型可供使用，具体类型的选择取决于应用情况或所敲击的材料。

(1) 球头销锤子：有铸铁头部。
(2) 塑料锤：有塑料头部，用于必须避免撞坏物件的地方。
(3) 检修用锤：用带有细长柄的小锤子，根据敲击时的声音和振动来测试螺栓/螺母的松紧度。

锤子的使用如图 1-54 所示。

对掌握的内容记录：
☐ 认识工具的名称
☐ 了解工具的使用范围
☐ 能够正确使用
☐ 工具清洁归位

续上表

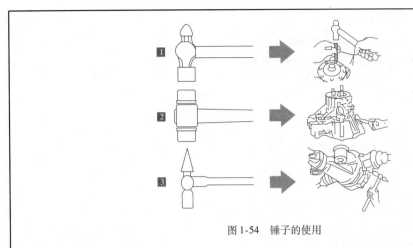

图1-54 锤子的使用

14.扭力扳手(图1-55)

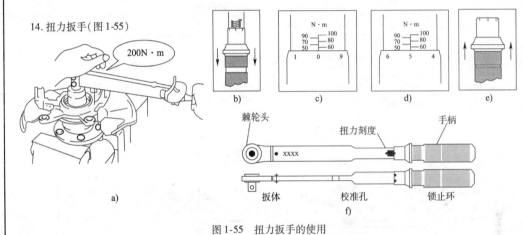

图1-55 扭力扳手的使用

(二)专用工具的认识与使用

1.火花塞扳手

此工具专用于拆卸及更换火花塞。

(1)有大小两种尺寸,要配合火花塞尺寸。

(2)扳手内装有一块磁铁,用其磁力吸住拆下的火花塞,以免火花塞坠落摔坏。

火花塞扳手的使用如图1-56所示。

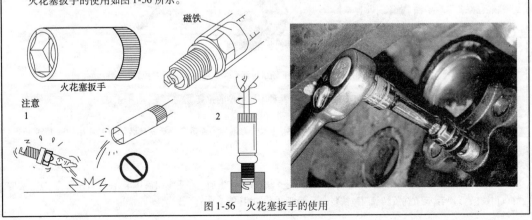

图1-56 火花塞扳手的使用

25

注意:
(1)磁性可保护火花塞,但仍要小心不要使其坠落。
(2)为确保火花塞正确地插入,首先要用手仔细地对正拧紧。
2. 垫片刮刀
垫片刮刀用于拆卸汽缸盖垫片、液态密封剂、胶粘物以及表面上的其他东西。垫片刮刀的使用如图1-57所示。
注意:
(1)切勿把手放在刀片前,刀片可能会伤害作业人员的手。
(2)切勿在磨床上把刀片磨得太锋利。可经常在油石上磨刀片。
对掌握的内容记录:
□认识工具的名称
□了解工具的使用范围
□能够正确使用
□工具清洁归位

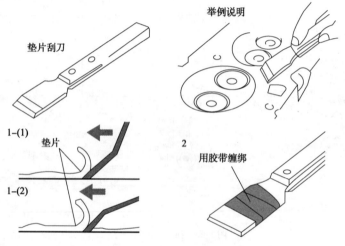

图1-57 垫片刮刀的使用

3. 拉具
拉具用于拆卸轴与齿轮、带轮、轴套、轴承等紧配合件。根据用途不同可分为三爪式拉具、二爪式拉具、套筒式拉具、固定式拉具、可调式拉具、轴承拉具等。几种不同类型的拉具如图1-58所示。

a)三爪拉具　　b)轴承拉具　　c)二爪拉具

图1-58 几种不同类型的拉具

4. 活塞环装卸钳
活塞环装卸钳用于装卸发动机活塞环,可避免活塞环因受力不均匀而拆断。活塞环装卸钳的使用如图1-59所示。
5. 气门弹簧装卸钳
气门弹簧装卸钳用于装卸气门弹簧。
使用时,将钳口收缩到最小位置,插入气门弹簧座下,然后旋转手柄。左手掌向前压牢,使钳口贴紧弹簧座,装卸好气门锁(销)片后,反方向旋转气门弹簧装卸手柄,取出装卸钳(图1-60)。

续上表

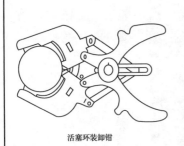  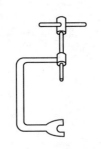

图 1-59　活塞环装卸钳的使用　　　　　图 1-60　气门弹簧装卸钳

对掌握的内容记录：
□认识工具的名称
□了解工具的使用范围
□能够正确使用
□工具清洁归位

6. 卡环钳

卡环钳是用于拆装弹性挡圈、卡环的专用工具，常用的卡环钳如图 1-61 所示。

图 1-61　不同类型的卡环钳

7. 钢丝刷

钢丝刷用来清除零件表面外表的污迹，如图 1-62 和图 1-63 所示。

图 1-62　钢丝刷外形

续上表

图1-63 钢丝刷的应用

四、检查评估
1.请根据自己任务完成的情况,对工作进行自我评估,并提出改进意见。   2.教师对小组工作情况进行评估,并进行点评。

任务四 常用量具的使用

任务目标

1.认识常用发动机零部件检测量具。
2.掌握常用发动机零部件检测量具使用规范。

引导问题

发动机维修过程中,需要对一些零部件进行检测,那么,你知道为什么要进行检测?

一、量具使用概述

用测量仪器诊断发动机状态,其检查零件尺寸和调整状态是否和标准值相符,并且检查车辆或发动机零件是否正常发挥作用。诊断结果也是发动机是否进行大修的标准。那么,在测量前和测量时需要注意什么呢?

首先,测量前注意的要点如下:

(1)清洁被测部件和测量仪器。废物或机油可能导致测量值的误差,因此测量前应清洁表面。

(2)选择适合的测量仪器。按照要求的精度水平选择测量仪器。示例:用游标卡尺测量活塞外径。测量精度:0.05mm,要求精度:0.01mm。

(3)零校准:检查零刻度是否对准其正确的位置。零校准是正确测量的基础。

(4)测量仪器的维修,定期地进行维修和校准。如果损坏,切勿使用。

其次,在测量时的注意要点:

(1)测量仪器与被测零件呈直角方向放置,被测零件或测量仪器移动的同时,压紧测量仪器与零件成直角。

(2)用适当的量程。当测量电压或电流时,从高量程开始再往下调。从量程合适的表盘上读出测量值。

(3)取测量值时,确保视线与表盘和指针成直角。

二、量具的介绍

1. 游标卡尺

(1)使用规范:

游标卡尺可测量长度、外径、内径和深度(图1-64)。量程:0~150mm、0~200mm、0~300mm;测量精度:0.05mm(表1-2)。

(2)测量注意事项:在测量前完全合上量爪,并检查卡尺间是否有足够的间隙可看到光;在测量时,轻轻地移动卡尺,使零件刚好放在量爪间;一旦零件刚好放在量爪之间,用止动螺钉固定游标尺,以便读取测量值。

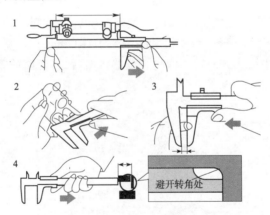

图1-64 游标卡尺的使用
1-长度测量;2-内径测量;3-外径测量;4-深度测量

游标卡尺的读数　　　　　　　　　　　　　　表1-2

精度值	刻线原理	读数方法及示例
0.1	主尺1格=1mm,副尺1格=0.9mm,共10格;主尺、副尺每格之差=(1-0.9)mm=0.1mm。	读数=副尺0位指示的主尺整数+副尺与主尺重合线数×精度值。示例: 读数=(34+8×0.1)mm=34.8mm

续上表

精度值	刻线原理	读数方法及示例
0.05	主尺1格=1mm,副尺1格=0.95mm,共20格;主尺、副尺每格之差=(1-0.95)mm=0.05mm。	读数=副尺0位指示的主尺整数+副尺与主尺重合线数×精度值。示例： 读数=(51+5×0.05)mm=51.25mm
0.02	主尺1格=1mm,副尺1格=0.98mm,共50格;主尺、副尺每格之差=(1-0.98)mm=0.02mm。	读数=副尺0位指示的主尺整数+副尺与主尺重合线数×精度值。示例： 读数=(64+10×0.02)mm=64.2mm

2. 千分尺

通过计算手柄方向上轴的均衡旋转来测量零件的外径/厚度。

量程:0~25mm、25~50mm、50~75mm、75~100mm;测量精度:0.01mm。

(1) 千分尺在使用前的校准与调整

首先是零校准。使用千分尺前,检查并确保零刻度已对准。

其次是检查。如果是50~75mm的测微计,在开口内放置一个标准的50mm校正器,并让棘轮定位器自由转动2~3圈。然后,检查套管上的基准线与套筒的零刻度线是否对齐。

然后是调整。①如果误差低于0.02mm,使锁销啮合以便固定轴。使用图1-65中表示的调整扳手,以便移动和调整套管。②如果误差大于0.02mm。③使锁销啮合以便固定轴。用调整扳手按图1-65中箭头方向松开棘轮定位器。然后,将套筒的零刻度线与套管的基准线对齐。

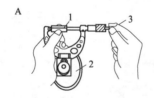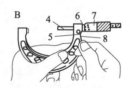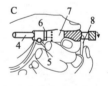

图1-65 千分尺的校准与点整

1-50mm标准校正器;2-支架;3-棘轮定位器;4-轴;5-锁销;6-套管;7-套筒;8-调节扳手

(2) 千分尺的测量

用外侧千分尺测量时,如图1-66所示,读取顺序为：

①读取固定套管0基准线上的刻度=18mm；

②读取固定套管0基准线下0.5mm单位的刻度=0.05mm；

③读取0基准线下(或重叠)微分筒的刻度=0.16mm；

④读取固定套筒0基准线与微分筒交叉部位的估值=0.002mm

最终读数为①+②+③+④=_____。

图1-66 千分尺的读数

3. 百分表

百分表表盘显示指针在表盘7个刻度内左右移动。偏差范围：0.07mm。

百分表的读数方法(图1-67)为:先读小指针转过的刻度线(即毫米整数),再读大指针转过的刻度线(即小数部分),并乘以0.01,然后两者相加,即得到所测量的数值。

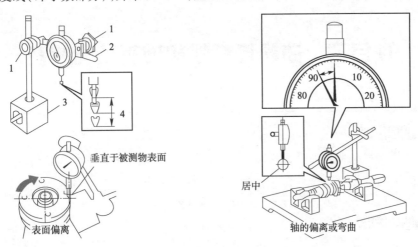

图1-67　百分表的使用
1-止动螺钉;2-臂;3-磁性支架;4-量程中心

4.厚薄规(塞尺)

厚薄规又称间隙规或塞尺,主要用于检测两个相互接合面间的间隙大小。厚薄规由多片不同厚度的标准钢片组成,每一片钢片标有一定的厚度值,如图1-68所示。测量时,可选择一片或几片组合在一起进行测量。

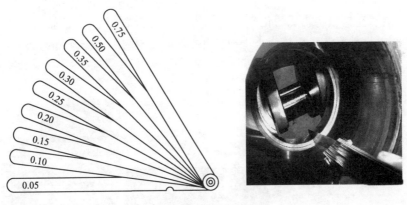

图1-68　厚薄规的应用

使用前,应将厚薄规两测量面擦拭干净,以免影响检测精度;使用时,不可将厚薄规硬插入被测表面或剧烈弯曲,以防损坏量具和被测零件表面;用厚薄规检查调整间隙时,应一边调整、一边拉动厚薄规,若感觉拉动时很轻松,则间隙在于厚薄规片的标示值;若拉动时费力、困难,则间隙小于厚薄规片的标示值。只有拉动厚薄规稍有阻力时,表示该间隙与厚薄规标示值一致。厚薄规使用完毕,应擦净其表面,涂抹机油后收合到夹框内,以防锈蚀、弯曲、变形或折断。

项目二 曲柄连杆机构的拆装与检修

知识目标
1. 掌握发动机曲柄连杆机构的基本构成,熟悉各零件在发动机上的安装位置。
2. 理解发动机的各零件相互间的运动关系,熟悉发动机的磨损。
3. 了解曲柄连杆机构的常见故障及其故障现象、排除方法。

能力目标
1. 能够正确规范地对发动机曲柄连杆机构进行拆装。
2. 熟悉发动机磨损之后的零部件检测方法及标准数据。
3. 能够对发动机曲柄连杆机构简单机械故障进行诊断和排除。

内燃机的燃烧过程是在机体内部完成的,需要一个与外界隔绝的密闭空间,若要利用燃烧膨胀产生的力,则需要有定位可靠的运动件引导转化这部分力,并想办法将这部分转化的力对外输出,驱动其他设备做功。在发动机中由曲柄连杆组完成这种转化,其中机体组构成密闭的空间,活塞连杆组将燃烧的化学能转化为曲轴旋转的转矩,由曲轴飞轮组对外输出,并且后两者都可靠地安装在机体组上。机体组、曲轴飞轮组和活塞连杆组三者的装配关系如图 2-1 所示。

图 2-1 机体组、曲轴飞轮组和活塞连杆组三者的装配关系

任务一 机体组认知

任务目标

1. 掌握发动机机体组的基本构成,熟悉各零件在发动机上的安装位置。
2. 能对发动机作受力分析及对各零件进行运动分析,熟悉发动机的磨损。

引导问题1

在发动机的上千个组成零件中,我们应该先分类,再记住各重要机构里的重要部件,那么发动机具体有哪些重要机构呢?

一、曲柄连杆机构的组成

在发动机工作循环中,可完成能量转换,实现力的转化与传递。在做功行程,燃料燃烧产生膨胀压力,推动活塞往复运动转变为曲轴旋转的转矩(使物体转动的力),通过飞轮对外输出动力;在其他行程,则依靠曲柄和飞轮的转动惯性,通过连杆带动活塞上下运动,为下一次做功创造条件。

曲柄连杆机构一般由机体组、活塞连杆组和曲轴飞轮组三部分组成,其中机体组是不动件,是发动机骨架,且作为安装各机构系统的基础。而活塞连杆组和曲轴飞轮组是运动件,为主要工作机构,实现能量与运动转换。

1)机体组

主要由汽缸体、汽缸盖、汽缸垫、曲轴箱和油底壳等外围框架不动件组成,如图2-2所示。

活塞连杆组由活塞、活塞环、活塞销、连杆、滑动轴承等主要机件组成,如图2-3所示。

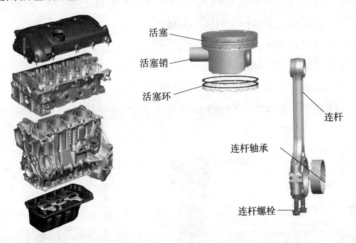

图2-2 机体组的组成　　图2-3 活塞连杆组的组成

活塞的作用是与汽缸盖、汽缸壁等共同组成燃烧室,并承受汽缸中气体压力,通过活塞销将作用力传给连杆,以推动曲轴旋转,活塞连杆组是发动机转换力的构件。

2)曲轴飞轮组

把活塞连杆组传来的气体压力转变为转矩对外输出,还用来驱动发动机的配气机构及其他各种辅助装置、总成等,如图2-4所示。

曲轴飞轮组主要由带轮、正时齿轮、曲轴、滑动轴承、轴承盖及飞轮等组成。

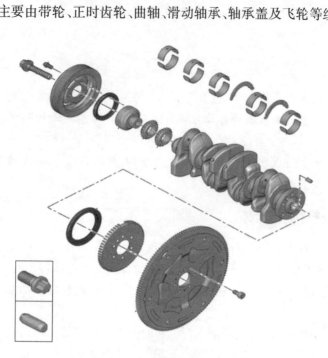

图2-4　曲轴飞轮组的组成

引导问题2

请同学们从机械运动的角度,分析人在骑自行车时的腿部运动。

二、活塞往复式发动机曲柄连杆机构的受力分析

发动机在运转过程中的运动就如同人骑自行车,人腿部的运动就如同发动机的活塞连杆的运动(图2-5),下面就让我们来具体类比分析一下。

活塞与连杆小头:在汽缸内做上下往复的直线变速运动。

连杆杆身:做复杂的平面运动,传导力的零件。

连杆大端与曲轴:做变速的圆周运动,旋转输出扭矩。

曲柄连杆机构做的都是变速的周期性运动,各零件的运动如图2-6所示。

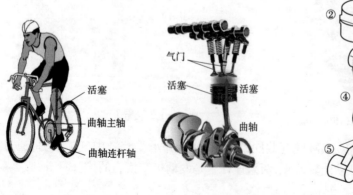

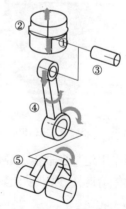

图2-5　活塞连杆与腿部的类比　　　　　　图2-6　活塞连杆各零件的运动分析

如果把人蹬自行车比作双缸发动机运动的话,左右两脚相当于两个活塞,自行车的飞轮相当于曲轴,脚蹬相当于连杆。汽车的动力源泉就是发动机,而发动机的动力则来源于汽缸内部。燃料在汽缸内燃烧,产生巨大压力推动活塞向下运动,通过连杆把力传给曲轴,最终转化为旋转运动,再通过变速器和传动轴,把动力传递到驱动车轮上,从而推动汽车前进。

引导问题 3

在骑自行车时,一只脚被脚踏板带上来时所受的力和另一只脚踩脚踏板的力一样吗?

1. 压缩行程的受力分析

在压缩行程,活塞要将吸入的混合气压缩,则会受到气体的反作用力 P,将 P 进行分解,S_p 沿连杆传给曲轴,N_p 垂直于缸壁将活塞压在右侧缸壁(面对曲轴前端看),由于此时压缩压力较小,所以将该面称作次承压面。压缩行程活塞的受力如图 2-7 和图 2-8 所示。

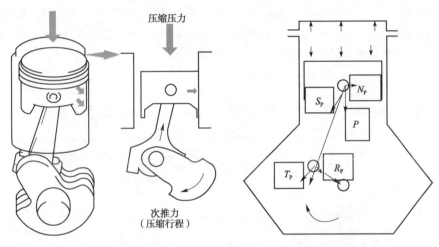

图 2-7 压缩行程活塞受力   图 2-8 压缩行程活塞受力分解

2. 做功行程的受力分析

在做功行程,混合气燃烧产生更大的气体压力 F 推动活塞下行,将 F 分解,F_s 驱动曲轴旋转,F_N 将活塞压在左侧缸壁上(从曲轴前端看),由于燃烧的气体压力更大,将活塞右侧称作主承压面,具体受力及受力分解如图 2-9 及图 2-10 所示。

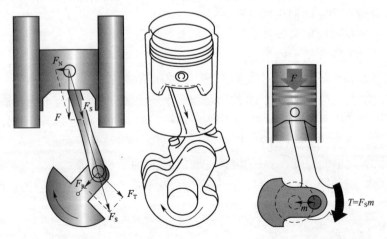

图 2-9 做功冲程受力   图 2-10 曲轴转矩输出

总结:活塞与汽缸壁之间的受力在横断面的径向分布是不均匀的,导致活塞与汽缸壁之间的磨损也是不均匀的。

措施：在活塞两承压面上做耐磨处理。

引导问题 4

发动机的"外围骨骼"由哪些零部件组成？如何保证与外界隔绝及密封？

三、发动机机体组的构成

发动机机体组的功用：机体组是发动机的支架，是各机构与系统的装配基体。

机体组主要由发动机外围的不动件构成，即汽缸盖、汽缸垫、汽缸体、油底壳等。

1. 水冷式汽缸体

1）结构特点

汽缸体是汽缸的壳体，汽缸体上部的圆柱形空腔称为汽缸，下半部为支承曲轴旋转运动的壳体称为曲轴箱，二者组成了发动机的机体。在汽缸体内部铸有许多加强筋、冷却水套和润滑油道等。水冷式汽缸体的结构如图 2-11 所示。

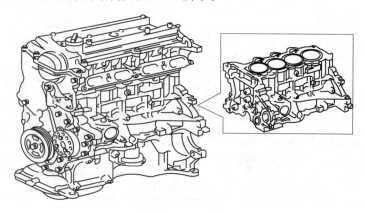

图 2-11　水冷式汽缸体的结构

2）汽缸体的功用

（1）汽缸体与汽缸盖、汽缸垫、活塞、汽缸套组成燃烧室。

（2）吸收活塞连杆、曲轴等运动件产生的作用力和扭矩。

（3）支撑曲轴并固定曲轴传动机构。

（4）固定和连接汽缸。

（5）固定冷却液和润滑油输送通道。

（6）固定发动机外围各种附属总成（发电机、空调压缩机等）。

近年来，随着发动机技术的发展，特别是增压小型化高功率密度技术的发展对发动机的设计、材料和工艺都提出了严峻挑战，而作为发动机骨架的汽缸体更是首当其冲。目前汽缸体常用两种材料：优质灰铸铁（图 2-12）或铝合金（图 2-13）。

铸铁缸体：有足够的强度、良好的浇铸性和切削性，且价格低廉。

铝合金缸体：质量轻，导热性良好，与铝合金活塞及铝合金缸盖有相同的热膨胀性，能够保证良好的配合间隙。

2. 汽缸体分类

汽缸体根据不同特点可以分成不同的种类，但其所有的特点都是为了保证给发动机工作营造一个非常苛刻的、良好的工作环境。

　　图 2-12　铸铁缸体

　　图 2-13　铝合金缸体

　　(1)整体式:水冷发动机的汽缸体和曲轴箱常铸成一体,称为汽缸体,提高缸体刚度,如图 2-14 所示。

　　(2)分体式:几乎无一例外地将风冷发动机汽缸体与曲轴箱分别铸制,而且为便于散热,每个汽缸的缸体均单独铸出,如图 2-15 所示。

　　图 2-14　整体式缸体

　　图 2-15　分体式缸体

　　汽缸体应具有足够的强度和刚度,根据汽缸体与油底壳安装平面的位置不同,通常把汽缸体分为平底式、龙门式和隧道式 3 种形式。

　　(1)平底式:主轴承座孔中心线位于曲轴箱分开面上。优点是机体高度小,质量轻,结构紧凑,加工方便;缺点是刚度和强度较差,与油底壳接合面的密封较困难。应用在中小型发动机,如图 2-16a)所示。

　　(2)龙门式:主轴承座孔中心线高于曲轴箱分开面。优点是刚度较大,能承受较大的机械负荷;缺点是工艺性较差,加工较困难。现在轿车发动机多为龙门式,如图 2-16b)所示。

　　(3)隧道式:主轴承座孔不分开,采用滚动轴承,主要优点是主轴承孔的同轴度好,刚度和强度大;缺点是曲轴拆装不方便。多用于负荷较大的柴油机,如图 2-16c)所示。

　　引导小实验

　　请大家找出、高度直径大小相同的水杯 4 个、6 个、8 个、10 个、12 个、16 个摆一摆,看怎么样排列水杯的队列最短、空间高度最矮。

　　现代汽车多数是多缸发动机,其汽缸的排列形式决定了发动机外形尺寸和结构特点,对机体的刚度和强度也有影响,并关系到汽车的总体布置。汽缸的排列形式有直列式、V 型和水平对置式 3 种。

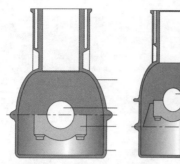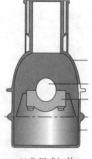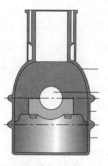

a)平底式缸体　　　　b)龙门式缸体　　　　c)隧道式缸体

图2-16　汽缸体形式

（1）直列式：各个汽缸排成一列，垂直布置（少数倾斜）。结构简单，加工容易，但发动机长度和高度较大，多用于六缸以下发动机，如图2-17所示。

a) 直列四缸的活塞　　　　　　　　　　b) 直列四缸的汽缸

图2-17　直列式发动机的活塞及汽缸

（2）V型：两列汽缸的夹角小于180°，缩短了机体长度和高度，加大了发动机宽度，增加了刚度，但形状较复杂，加工困难，一般用于8缸以上的发动机，如图2-18所示。

a)V6的活塞　　　　　　　　　　b)V6的汽缸

图2-18　V型发动机活塞及汽缸

（3）水平对置式：左右两列汽缸分列两侧，活塞做对向运动，特点是高度小，重心低，运动平衡性好，如图2-19所示。

a)水平对置的活塞　　　　　　　　　　b)水平对置的汽缸

图2-19　水平对置发动机活塞及汽缸

3.汽缸

（1）功用：组成燃烧室；引导活塞往复运动；工作中要保证密封、散热、承受侧压力。

（2）要求：具有足够的强度和刚度、耐磨、耐高温，较高的加工精度和光洁度，与活塞配合保证密封。汽缸及汽缸套如图2-20所示。

4.汽缸盖

汽缸盖上有冷却水套、润滑油道、燃烧室、进排气换气道、气门导管孔和进排气门座、火花塞孔或喷油器孔，同时固定附属总成和传感器。汽缸盖半剖图如图2-21所示。

图2-20　汽缸和汽缸套

汽缸盖对发动机运行特性（如输出功率、转矩和尾气排放、油耗和噪音等特性）有决定性影响。现在发动机的正时控制几乎都在汽缸盖内进行。

（1）功用：汽缸盖安装在汽缸体的上部，从上部密封汽缸并构成燃烧室，是配气机构的多数零件的安装机体。汽缸盖的安装位置如图2-22所示。

图2-21　汽缸盖半剖图

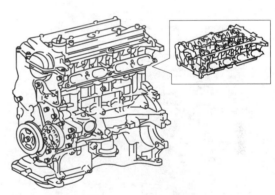

图2-22　汽缸盖的安装位置

（2）工作条件：高温、高压、受腐蚀。

（3）材料：一般采用灰铸铁或铝合金铸成。

（4）分类：分为整体式、分块式和单体式。

①整体缸盖：一台发动机一个汽缸盖。结构较紧凑，零件数目少，成本低，发动机的总长度减少；但刚性差，易变形。适用于缸径小于105mm的发动机，如图2-23所示。

②分块缸盖：2缸或2缸以上共用一个缸盖，适用于105mm＜缸径＜160mm的发动机，如图2-23所示。

③单体缸盖：一缸一个缸盖。缸径大于105mm可用；缸径大于120mm的优先采用；缸径大于160mm都采用。

5.汽油机燃烧室

活塞上升到最高点（上止点）后其顶部与汽缸盖之间的空间，燃料即在该空间内燃烧。当活塞位于上止点时，活塞顶面以上、汽缸盖底面以下所形成的空间称为燃烧室。根据燃烧室的结构特征（如面容比小、进排气道、火花塞安排合理）的不同，常用的燃烧室有以下几种：

燃烧室的位置如图2-24所示。

图2-23　分块缸盖与整体缸盖

（1）楔形：结构简单、紧凑、散热面积小、热损失少；火花塞置于燃烧室最高处，火焰传播距离长，如图2-25a)所示。

（2）半球形：结构紧凑、火焰行程段、燃烧速率高、热损失小、热效率高，如图2-25b)所示。

（3）盆形：工艺性好、成本低、进排气效果不如半球形燃烧室，如图2-25c)所示。

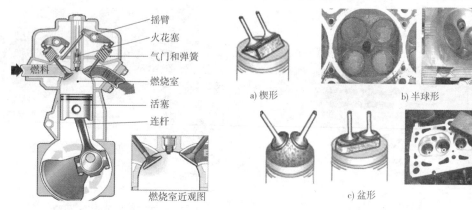

图2-24　燃烧室位置

图2-25　燃烧室的形式

6. 汽缸盖罩

汽缸盖罩(图2-26)又称气门盖，构成发动机壳体顶部。主要任务有：

（1）密封汽缸盖顶端；

（2）隔音降噪（进排气噪声）；

（3）构成曲轴箱通风装置；

（4）固定传感器及电缆。

为了达到良好的隔音效果，汽缸盖罩与汽缸盖通过弹性密封垫用螺栓连接。

7. 汽缸垫

汽缸垫装在汽缸盖和汽缸体之间，其功用是保证汽缸盖与汽缸体接触面之间的密封，防止漏气、漏水和漏油。按材料分为金属—复合材料衬垫和全金属衬垫（多层或单层钢板叠成），

图2-26　汽缸盖罩

如图2-27所示。

8. 油底壳

油底壳用来储存机油,封闭汽缸体下部,一般用薄钢板冲压而成,也有用铝合金铸造而成的。壳内装有挡板,以防止汽车颠动时油面波动过大。底部装有磁性放油螺塞,以吸附润滑油中的金属屑,在与机体的接合面之间装有衬垫,防止润滑油泄漏,如图2-28所示。

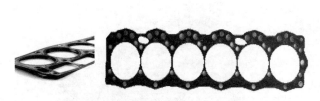

图2-27 汽缸垫　　　　　　　　图2-28 钢制油底壳

9. 发动机支撑

发动机在汽车上的支撑方法,一般有三点支撑和四点支撑两种。三点支撑可布置成前一后二或前二后一。采用四点支撑法时,前后各有两个支撑点,如图2-29所示。

图2-29 发动机支撑

阻尼可调式支撑:其工作原理与可调悬架相似,可以根据路况调整阻尼力,将发动机工作产生的振动与车身阻隔开,增加车辆的舒适性,如图2-30所示。

图2-30 阻尼可调式支撑

 知识拓展

VR6 及 W 型发动机

（1）VR6 发动机：将直列 6 缸发动机的汽缸错位，汽缸之间有相当宽裕的间隙，以 15°V 型小夹角的布局将设计 L6 与 V6 融合在一起，其长度有所增加，但其宽度仅相当于 V6 发动机的一半，适用在前置前驱的紧凑车型上，如图 2-31 所示。

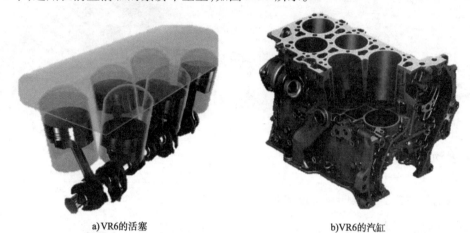

a）VR6 的活塞　　　　　　　　　　　b）VR6 的汽缸

图 2-31　大众 VR6 发动机活塞与汽缸

（2）W 型发动机：它由两个小夹角的 VR6 发动机共用一个曲轴组成，共计四排汽缸。它只是近似 W 型排列，严格说来还应属 V 型发动机，至少是 V 型发动机的一个变种。图 2-32 所示为发动机汽缸排列的发展过程，图 2-33 为 W 型发动机活塞及缸体。

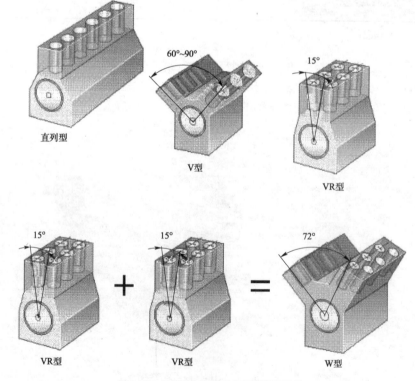

图 2-32　发动机汽缸排列的发展演变过程

图 2-33 W 型发动机活塞及缸体

任务二 曲柄连杆机构的拆装

任务目标

1. 掌握单体发动机解体及装复的方法。
2. 熟练掌握常见拆装工具的使用方法。

任务名称	曲柄连杆机构的拆装	组长姓名	
实训日期		任务成绩	
情境预设	一辆 2010 年产威驰 1ZZ 发动机,行驶 9000km,夏季来店维修,车主反映该车有异响,有漏气、漏油及功率下降现象。		

一、资讯

1. 气门积碳的形成及危害?

2. 配气机构的组成包括哪些零件?

续上表

二、决策与计划

请根据故障现象和任务要求,确定所需要的检测仪器、工具,并对小组成员进行合理分工,制订详细的诊断和修复计划。

1. 见图 2-34,试列出配气机构的拆装应该用到哪些工具?

图 2-34　拆装工具

2. 小组成员分工

3. 诊断和修复计划

三、实施执行

1. 配气机构的拆装步骤

(1)首先拆卸发动机的外围附件

拆进气管、排气歧管(排气管隔热垫)、发电机、发动机线束,如图 2-35 所示。

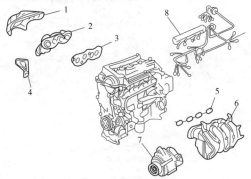

图 2-35　拆除外围附件

1~8 表示拆除顺序

(2)转动曲轴,对正配气正时标记,固定飞轮

用 SST 工具拧下皮带轮,用拉拔器拆下皮带轮(图 2-36)。

拆下水泵(注意冷却液的外溢)。

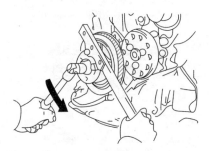

图 2-36　拆除曲轴前端附件齿轮

(3)拆卸正时链条盖

依次拆下汽缸盖罩、密封垫、正时链条盖,如图 2-37 所示。

图 2-37　拆卸正时链条盖

45

(4) 拆卸正时链条

依次拆下链条张紧器、链条导轨、正时链条，如图 2-38 所示。

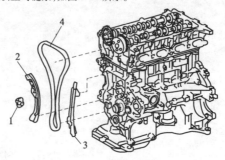

图 2-38　拆卸正时链条

1~4 表示拆卸顺序

(5) 拆卸汽缸盖

按从外到内，左右对角拧松缸盖螺栓，用橡皮锤敲击缸盖，拆下汽缸盖和汽缸垫，如图 2-39 所示。

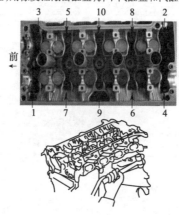

图 2-39　拆卸汽缸盖

1~10 表示拆卸顺序

(6) 拆卸油底壳

同样按从外到内，左右对角拧松油底壳螺栓，用橡皮锤敲击油底壳，拆下油底壳，并拆卸机油泵的集滤器，如图 2-40 所示。

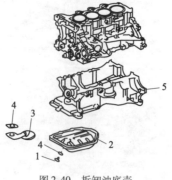

图 2-40　拆卸油底壳

1~5 表示拆卸顺序

（7）装复汽缸盖

按照"后拆的先装,先拆的后装"的顺序安装零件,并按规定力矩拧紧螺栓,如图2-41所示。

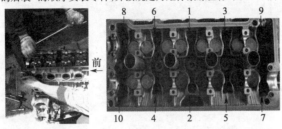

图2-41 装复汽缸盖

1~10表示装复顺序

四、检查评估

1.请根据自己任务完成的情况,对自己的工作进行自我评估,并提出改进意见。

2.教师对小组工作情况进行评估,并进行点评。

任务三 活塞连杆组认知

 任务目标

1.掌握活塞连杆组的基本构成,熟悉各零件在汽缸体上的位置。

2.理解活塞连杆组零件的运动。

一、活塞连杆组的作用

活塞的作用是与汽缸盖、汽缸壁等共同组成燃烧室,并承受汽缸中燃烧气体压力,通过活塞销将作用力传给连杆,以推动曲轴旋转,活塞连杆组是发动机转换力的构件。

活塞连杆组可细分为活塞组与连杆组两部分,如图2-42所示。

二、活塞组的构成

1.活塞组

活塞组由活塞、活塞环(气环、油环)、活塞

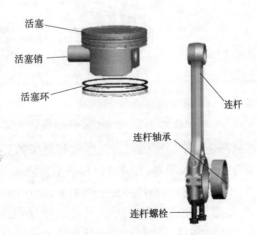

图2-42 活塞连杆组的结构

销、卡环等组件。

(1)其中活塞的作用：

①承受力、传力给活塞销(受力变形)。

②组成燃烧室(密封)。

(2)工作条件(非常恶劣)：

①三高:高温(热膨胀)、高压(变形)、高速(惯性力)。

②两难:冷却困难、润滑困难。

③一腐蚀:受到酸性物质的腐蚀。

(3)要求：

①要有足够的耐热性，导热性好，有充分的散热能力，热膨胀系数要小，减小受热时的变形。

②有足够的强度和刚度。

③活塞的质量尽量小，以减小惯性力。活塞与汽缸壁间应有较小的摩擦系数，即耐磨性好，防止在运动中大量磨损。

(4)材料：

对于转速较高的发动机来说，活塞材料多选择质量较轻的铝合金；而对于低速发动机，现在多用灰铸铁。强化发动机主要为了提高其强度而选用高级铸铁或耐热钢。目前正在试验新型金属陶瓷组合材料。

2. 活塞的基本结构

活塞可分为活塞顶部、活塞头部和活塞裙部三部分。活塞的结构及位置如图 2-43 所示。

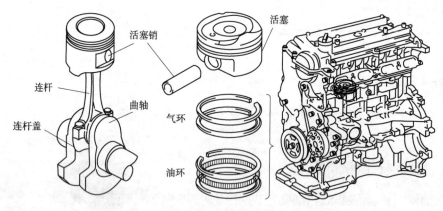

图 2-43 活塞的结构及位置

1)活塞顶部

承受气体压力，它是燃烧室的组成部分，其形状、位置、大小都和燃烧室的具体形式有关，都是为满足可燃混合气形成和燃烧的要求。其顶部形状可分为四大类，即平顶活塞、凸顶活塞、凹顶活塞(图 2-44)和成型顶活塞。

(1)平顶活塞顶部是一个平面，结构简单，制造容易，受热面积小，一般用在汽油机上。

(2)凸顶活塞有利于改善换气过程，二冲程汽油机常采用凸顶活塞。

(3)凹顶活塞凹坑的形状和位置必须有利于可燃混合气的燃烧。

成型顶活塞是指活塞顶部有一半是凸起的、一半是凹下去的。这种活塞一般适用于对燃烧室有特殊要求的柴油机,特殊的顶部形状可满足燃烧过程中的不同要求。

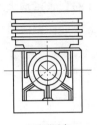
a)平顶活塞

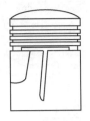
b)凸顶活塞

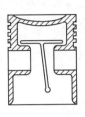
c)凹顶活塞

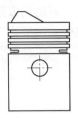
d)成型顶活塞

图 2-44 活塞顶部的结构

2)活塞头部

指第一道活塞环槽到活塞销孔以上部分,如图 2-45 所示。活塞头部的作用为:

(1)安装活塞环:它有数道环槽,安装活塞环,起密封作用。

(2)密封:与活塞环一起密封汽缸,防止可燃混合气泄漏到曲轴箱内。

(3)导热:活塞顶部吸收的 70%～80% 热量是经过活塞头部通过活塞环传给汽缸壁,再由冷却水传递出去。

图 2-45 活塞头部

3)活塞裙部

指从油环槽下端面起至活塞最下端的部分,它包括装活塞销的销座孔。

其作用是:活塞裙部对活塞在汽缸内的往复运动起导向作用。两侧的承压面承受侧压力。裙部的长短取决于侧压力的大小和活塞直径。

3. 活塞的类型

按照结构形式可将活塞分为拖板式和半拖板式两种。

拖板式(图 2-46):非承压面全部去掉。

半拖板式(图 2-47):将非承压面的裙部去掉一部分,以减少活塞质量和防碰曲轴平衡重块。

图 2-46 拖板式

图 2-47 半拖板式

4. 活塞的变形及结构特点

1)活塞的变形

活塞在运动中由于受到力的作用和热膨胀等原因,将导致活塞变形,因此应考虑活塞变形后与汽缸的配合间隙。

在活塞横断面内的变形,如图2-48所示。

(1)沿活塞销的方向,金属量较多,所以在其受热膨胀后,此处的膨胀量最大。

(2)在受到汽缸内气体燃烧后产生的气压力的作用后,使活塞顶部在销座跨度内发生弯曲变形。

(3)汽缸壁对活塞的侧压力作用,引起活塞变形也沿活塞销的轴线方向。

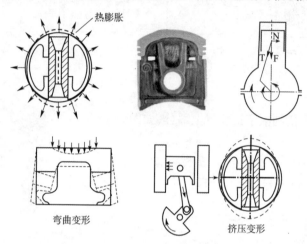

图2-48 活塞横断面内的变形

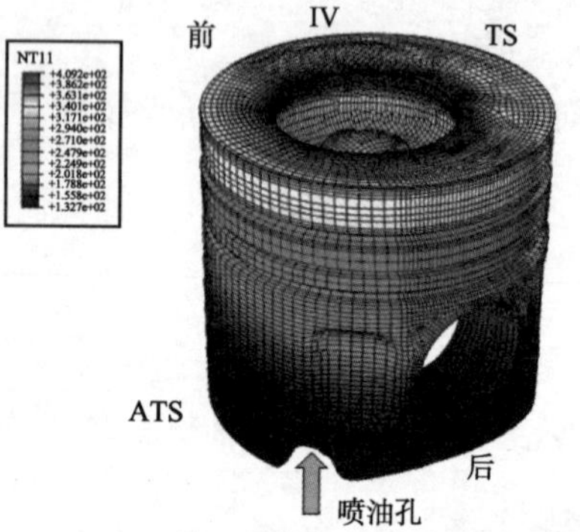

在活塞纵断面内的变形,如图2-49所示。

活塞自上而下热膨胀量由大而小。因活塞沿高度方向的温度很不均匀,活塞的温度是上高下低,壁厚是上厚下薄。

2)结构特点(工艺措施)

为了使裙部两侧承受气体压力并与汽缸保持小而安全的间隙,要求活塞在工作时(受热、受力后的形状)具有正确的圆形。在加工时预先把活塞裙部做成椭圆形状。椭圆的长轴方向与销座垂直,短轴方向沿销座方向。这样活塞工作时趋近正圆,如图2-50所示。

图2-49 活塞在纵断面内的变形

为了使工作时活塞上下直径趋于相等,即为圆柱形,就必须预先把活塞制成上小下大的阶梯形或锥形,如图2-50所示。

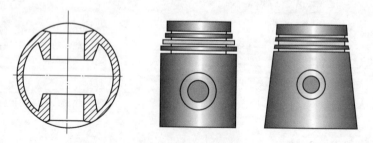

图2-50 活塞的工艺措施

5. 活塞销座

活塞销座用以安装活塞销,其作用是支撑活塞销,将活塞顶部气体作用力经过活塞销传给连杆。在销座孔两端有卡环槽,用以安装卡环,如图2-51所示。

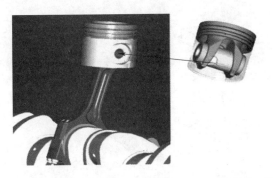

图2-51 活塞销座

6. 活塞销座孔偏移布置

(1)定义:活塞销座朝向承受做功侧压力的一面偏移1~2mm。

(2)作用:减轻活塞换向时对汽缸壁的敲击噪声。

(3)原理:因销座偏置,在接近上止点时,作用在活塞销座轴线以右的气体压力大于左边,使活塞倾斜,裙部下端提前换向。而活塞在越过上止点,侧压力反向时,活塞才以左下端接触处为支点,顶部向左转(不是平移),完成换向。活塞销座孔偏移如图2-52所示。

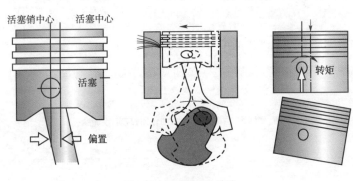

图2-52 活塞销座孔偏移

7. 活塞环

活塞环是具有弹性的开口环,装于活塞头部环槽中,自由状态下外径尺寸比汽缸内径大,在张力作用下与汽缸壁紧密接触。按照用途分为气环和油环,如图2-53所示。

1)气环

(1)作用:与活塞一起密封高温高压的燃气,防止其向下窜入曲轴箱;将活塞头部的热量传给汽缸壁;辅助油环控制汽缸壁上的润滑油。

(2)工作条件:活塞环(气环)是发动机零件中工作寿命最短的。总的来说,其工作条件是高温、高压、高速、润滑困难、磨损严重等。

(3)气环的断面形状:

气环的断面形状多种多样,根据发动机的结构特点和强化程度,选择不同断面形状的气

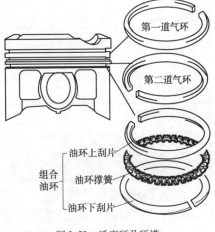

图2-53 活塞环及环槽

环组合,得到较好的密封效果,如图 2-54、表 2-1 所示。

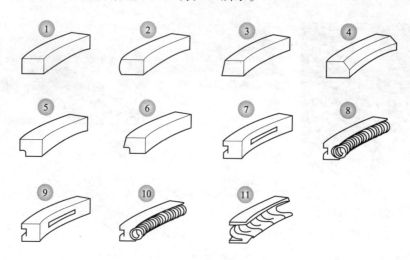

图 2-54 气环的断面形状

气环的断面的主要形状与特点 表 2-1

形状	特 点	示意图
矩形环	结构简单、制造方便、易于生产、应用面广,但有泵油作用	
扭曲环	断面不对称,受力不平衡,使活塞环扭曲,减小泵油作用,减轻磨损	
锥面环	减少了环与汽缸壁的接触面,提高了表面接触压力,有利于磨合和密封;可形成油膜改善润滑,但导热性差,不适用第一道环	
梯形环	可将沉积在环中的结焦挤出,避免环折断,且密封性较好;但加工困难,精度要求高	
桶面环	上下均可形成油膜,且对活塞的摆动适应性好,接触面小,利于密封,但外圆为凸圆弧形,加工困难	

(4)气环的密封原理:

①第一密封面的建立:环在自由状态下,环外径大于缸径,装缸后在其弹力 P_0 作用下与缸壁压紧,形成第一密封面,如图 2-55 所示。

②第二密封面的建立:活塞环在运动时产生惯性力 P_j,与缸壁间产生摩擦力 F,以及侧隙有气体压力 P_1,在这 3 个力的共同作用下,使环靠在环槽的上侧或下侧,形成第二密封面,

如图 2-56 所示。

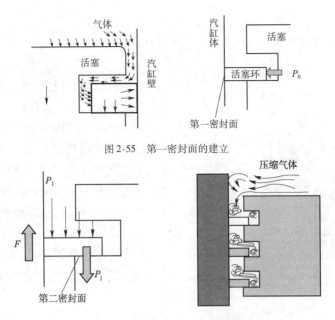

图 2-55　第一密封面的建立

图 2-56　第二密封面的建立

2）油环

油环起布油和刮油的作用，下行时刮除汽缸壁上多余的机油，上行时在汽缸壁上铺涂一层均匀的油膜。这样既可以防止机油窜入汽缸燃烧，又可以减少活塞、活塞环与汽缸壁的摩擦阻力，此外油环还能起到密封气体的辅助作用。

油环有槽孔式、槽孔撑簧式和钢带组合式 3 种类型，如图 2-57 所示。

图 2-57　不同类型的油环

8. 活塞销

（1）作用：连接活塞和连杆小头，并把活塞承受的气体压力传递给连杆，如图 2-58 所示。

图 2-58　活塞销及挡圈

（2）工作条件：
①承受燃烧压力产生的交变冲击力。
②与活塞销座及连杆的配合面承压面积不大，相对运动速度低，不容易形成油膜，润滑条件差，容易磨损。

（3）构造：活塞销的内孔形状有圆柱形、两段截锥形、两段截锥与一段圆柱的组合形。

（4）活塞销与连杆的连接方式如下：

①全浮式：在发动机正常工作温度下，活塞销在连杆小头孔和活塞销座孔中都能转动，以便使其磨损均匀。为防止活塞销轴向窜动，在活塞销的座孔两端卡簧槽中装有弹性卡簧，如图2-59所示。

②半浮式：活塞销中部与连杆小头采用紧固螺栓连接，活塞销只能在两端销座孔内作自由摆动，而和连杆小头没有相对运动。活塞销不会作轴向窜动，不需要挡圈。

9. 连杆组

1）连杆组组件

连杆组包括连杆、连杆轴承盖、连杆螺栓、连杆轴承、小端衬套，如图2-60所示。

2）连杆的结构

连杆是连接活塞与曲轴，并把活塞承受的气体压力传给曲轴，变活塞的往复运动为曲轴的旋转运动。

图2-59　半浮式与全浮式

连杆承受压缩、拉伸、弯曲等交变载荷，一般用优质中碳钢或中碳合金钢锻制。

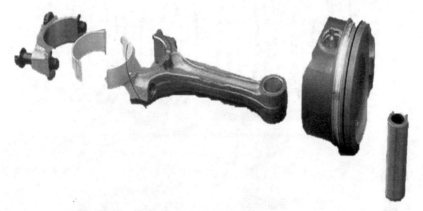

图2-60　连杆组组件

连杆本身又分为连杆小端、连杆杆身和连杆大端三部分。

发动机运转时的飞溅润滑或压力润滑（在杆身内钻有润滑油道），杆身做成工字形是为了减轻质量。

（1）连杆小端

连杆小端多削成梯形，原因在于燃烧压力通过活塞顶作用在活塞销上，然后作用在连杆上，梯形面积可传递的作用力比普通正方形结构大，如图2-61所示。

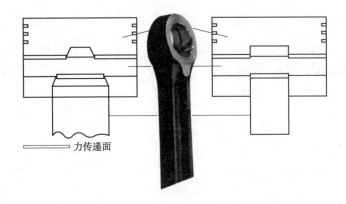

图 2-61　连杆小头

(2) 连杆大端的切口

连杆大端与曲轴的连杆轴颈相连,有整体式(与分段式曲轴组合)和分开式两种,一般都采用分开式。分开式的切口的形式又可细分为平切口和斜切口两种。汽油机多采用平切口连杆,结合面与连杆杆身轴线垂直;柴油机多采用斜切口连杆,结合面与连杆杆身轴线成 30°~60°夹角,如图 2-62 所示。

图 2-62　连杆大端

(3) 连杆轴承盖的定位方式

为了保证连杆大端与连杆轴承盖的精确定位,确保轴承的圆度,常采用螺栓定位、止口定位、套筒定位、锯齿定位等方式,如图 2-63 所示。

图 2-63　连杆轴承盖的定位

(4) 胀断工艺

传统上,连杆和连杆盖分开锻造,然后用定位销组装。现在,它们被锻造成一体,然后断裂剖分成独立的零件。断裂面使连杆盖和连杆能够彼此精确定位。与传统的连杆和连杆盖组合不同,新的组合不需要定位销。这使得可以使用螺距更小的螺栓以减轻大端质量,如图 2-64 所示。

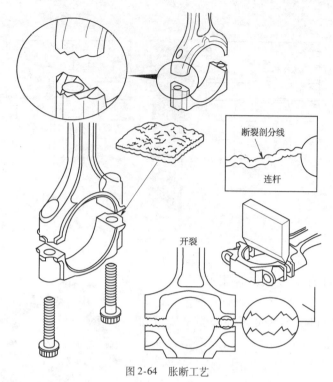

图 2-64 胀断工艺

10. 连杆轴承

为了减小摩擦阻力和曲轴连杆轴颈的磨损,连杆大端孔内装有瓦片式滑动轴承,简称连杆轴承。轴承(俗称小瓦)分上下两个半片,多采用薄壁钢背轴承,在其内表面浇铸有耐磨合金层,如图 2-65 所示。

图 2-65 连杆轴承

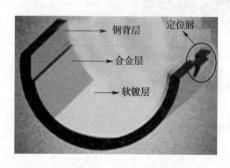

图 2-66 轴承定位唇

定位唇:为防止连杆瓦转动和轴向窜动,在大端剖分面处加工有定位舌槽与瓦片上的凸舌相配合,如图 2-66 所示。

11. V 型发动机连杆安装形式

V 型发动机左右两侧对应两个汽缸的连杆装在曲轴的同一个连杆轴颈上,根据安装形式分为并列连杆、主副连杆。

1)并列连杆

两个完全相同的连杆一前一后地并列装在同一个

曲柄销上,因此左右两列活塞的运动规律完全相同,前后连杆可以通用,但是增加了曲轴和发动机长度,如图2-67所示。

图2-67 并列连杆

2) 主副连杆

副连杆通过销轴铰接在主连杆体或主连杆盖上。一列汽缸装主连杆,一列汽缸装副连杆。这种结构主副连杆不能互换,且副连杆对主连杆作用以附加弯矩,两列汽缸中活塞的运动规律和上止点位置均不相同,但发动机的长度可缩短,如图2-68所示。

图2-68 主副连杆

任务四 活塞连杆组的检测与更换

任务目标

1. 掌握活塞环的检测及更换方法。
2. 掌握连杆的检测及更换方法。
3. 熟练发动机异响的判断方法。

任务名称	活塞连杆组的检测与更换	组长姓名	
实训日期		任务成绩	
情境预设	一辆2010年生产的威驰1ZZ发动机,行驶12000km,夏季来店维修,车主反映该车异响,排气管冒蓝烟,机油更换周期短,功率下降现象。		
一、资讯			

续上表

1. 发动机连杆变形的原因有哪些?
2. 活塞环三隙对发动机性能的影响有哪些?
二、决策与计划
请根据故障现象和任务要求,确定所需要的检测仪器、工具,并对小组成员进行合理分工,制订详细的诊断和修复计划。

1. 见图2-69,连杆的检测及校正应该用到哪些工具?

图 2-69　连杆的检测及校正仪器

2. 见图2-70,活塞环拆装及三隙检测应用到哪些工具?

图 2-70　活塞环检测工具

续上表

3.小组成员分工	
4.诊断和修复计划	
三、实施执行	
(一)活塞环三隙的检测	
1.活塞的清洁及磨损确认 (1)由于活塞顶部及活塞环槽内易积碳,在测量前,首先应用汽油和毛刷清洗活塞,如图 2-71 所示。	 图 2-71　清洗活塞
(2)查看活塞裙部有无磨损,头部有无损坏,必要时还需测量活塞的外径,以确定是否更换选配活塞,如图 2-72 所示。	 图 2-72　检测活塞
(3)使用活塞环拆装钳按从上到下的顺序依次拆下一道气环、二道气环和油环。再按后拆先装的原则,将活塞环装好。拆装时不要用力过猛,活塞环材质为锰钢镀铬,较脆易断,不允许徒手拆装,如图 2-73 所示。	 图 2-73　拆卸活塞环

续上表

2. 活塞环端隙的检测

将活塞平放在汽缸内,用活塞将待测量的气环推至汽缸中部,选择不同厚度中合适的塞尺,塞入端隙中,拉动塞尺时有阻塞感即可,如图2-74所示。

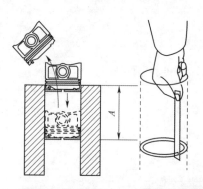

图2-74 检测活塞环端隙

3. 侧隙的测量

将待测活塞环抵到该环环槽底部,选择不同厚度中合适的塞尺,塞入侧隙中,拉动塞尺时有阻塞感即可,如图2-75所示。

图2-75 侧隙的测量

4. 背隙的测量

用游标卡尺测量活塞环的宽度,再测量活塞环槽的深度,两者相减就是该环的背隙,如图2-76所示。

 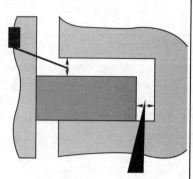

图2-76 背隙的测量

活塞环三隙的作用:保证汽缸的气密性,防止环卡死或胀死。

为了保证气密性,三道环的开口应该尽可能错开,形成迷宫密封,将测量的数值记录在图 2-77 的表内。

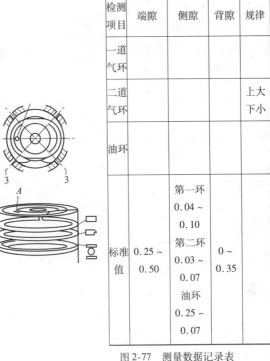

检测项目	端隙	侧隙	背隙	规律
一道气环				
二道气环				上大下小
油环				
标准值	0.25~0.50	第一环 0.04~0.10 第二环 0.03~0.07 油环 0.25~0.07	0~0.35	

图 2-77 测量数据记录表

(二)连杆的检测

(1)先拆下连杆轴瓦和衬套,按标准扭矩拧紧连杆盖螺栓、螺母,装上连杆轴承盖,按发动机装配的规定力矩拧紧连杆螺栓,如图 2-78 所示。

图 2-78 拆卸连杆

(2)根据连杆小头孔的直径,选取相配的活塞销或标准心轴穿于孔内,如图 2-79 所示。

图 2-79 适配活塞销

(3)将连杆大头套装在检验仪的可调横轴上,并拧紧调整螺钉,把连杆固定在检验仪上。 用支撑块支柱连杆小头,如图2-80所示。	 图2-80 夹持
(4)将百分表装于表架上,使其测量杆与心轴接触,并有1mm的预压缩,转动表盘,使指针归零,便于直接读数,如图2-81所示。	 图2-81 测量
(5)连杆的弯、扭变形定义。 连杆弯曲、扭曲、弯扭并存是指连杆大端与小端孔的中心线偏差原来的平行位置。一般是在连杆校正器上进行检验的。 弯曲——连杆大、小两端孔的中心轴线在同一平面内不平行,有交点。 扭曲——连杆大、小两端孔的中心轴线不在同一平面内平行,在空中有交叉。 弯扭并存——弯曲变形和扭曲变形同时存在,如图2-82所示。	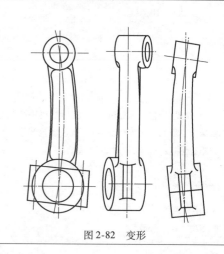 图2-82 变形
四、检查评估	

1.请根据自己任务完成的情况,对自己的工作进行自我评估,并提出改进意见。

2.教师对小组工作情况进行评估,并进行点评。

任务五　曲轴飞轮组认知

任务目标

1. 掌握发动机曲轴飞轮组的构成，熟悉各零件在发动机上的位置及其作用。
2. 理解曲拐的布置与发动机做功顺序之间的关系。

一、曲轴飞轮组的构成

曲轴飞轮组的作用是把活塞的往复运动转变为曲轴的旋转运动，为汽车的行驶和其他需要动力的机构输出扭矩。同时还可以储存能量，用以克服非做功行程的阻力，使发动机运转平稳。曲轴在发动机中的位置如图 2-83 所示。

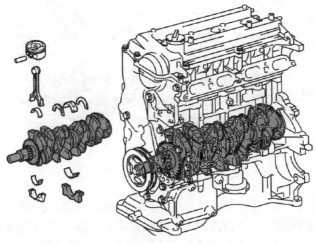

图 2-83　曲轴在发动机中的位置

曲轴飞轮组把活塞连杆组传来的气体压力转变为扭矩（使物体旋转的力）对外输出。还用来驱动发动机的配气机构及其他各种辅助装置、总成。

曲轴飞轮主要由皮带轮、正时齿轮、曲轴、轴瓦、轴瓦盖及飞轮等组成，如图 2-84 所示。

图 2-84　曲轴飞轮的组成

二、曲轴

1. 功用

把活塞连杆组传来的气体压力转变为扭矩对外输出,还用来驱动发动机的配气机构及其他各种辅助装置、总成。

2. 工作条件

受气体压力、惯性力、惯性力矩,承受交变载荷(来回反复变化的力)的冲击。

3. 曲轴的构成

曲轴一般用中碳钢或中碳合金钢模锻而成,曲轴主要由三部分组成,如图2-85所示。

曲轴的前端轴(或称自由端),即第一个主轴颈之前的部分。

曲拐,即由连杆轴颈和它左右两端的曲柄,以及前后两个主轴颈组成曲拐。

曲轴后端凸缘(或称功率输出端),即最后一个主轴颈之后的部分。

图2-85 曲轴的构成

1) 曲轴的前端

曲轴的前端装有皮带轮,皮带轮用来驱动发动机的附件,如:发电机、水泵、空调压缩机等。此外,皮带轮内有扭转减震器。皮带轮之后的曲轴前端还有正时齿轮,用来驱动凸轮轴以及机油泵等,如图2-86所示。

图2-86 曲轴前端

发动机在运转过程中,作用在曲轴上的力是周期性的变化着,曲轴在周期性变化的转矩作用下,各曲拐之间发生周期性相对扭转的现象称为扭转振动,扭转振动将会引起曲轴转速的不平稳,甚至产生共振。为了减弱曲轴的扭转振动在曲轴的前端安装曲轴扭转减震器(与皮带轮合为一体)(图2-87)。减震器失效后曲轴转速传感器的信号跳动幅度增大,使ECU

误认为错误信号。

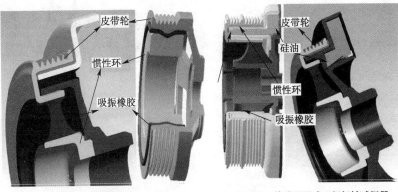

a)橡胶阻尼式单级扭转减振器　　b)硅油—橡胶阻尼式双级扭转减振器

图 2-87　曲轴扭转减震器

2)曲拐

由连杆轴颈和其两端的曲柄以及前后两个主轴颈组成的曲拐,对应一个汽缸,如图 2-88 所示。

3)曲轴的后端

后端主要是动力输出端,向变速器输出动力。通过后端凸缘连接飞轮(手动变速器)或液力变矩器(自动变速器),如图 2-89 所示。

图 2-88　曲拐结构　　　　　　图 2-89　曲轴后端

4. 曲轴的支承与定位

根据曲轴主轴颈相比连杆轴颈的多少,将曲轴分为全支承曲轴(主轴颈比连杆轴颈多一个)与非全支承曲轴(相邻两缸共用一对主轴颈),轻量化摩托车经常采用非全支承曲轴,如图 2-90 所示。

曲轴与连杆之间靠连杆轴瓦连接,曲轴主轴颈通过曲轴主轴瓦被主轴承盖紧固在缸体上,连杆轴承和主轴承均由上、下两片轴瓦对合而成。每片轴瓦都是由钢背和减摩合金层(二层结构轴瓦)或钢背、减摩合金层和软镀层(三层结构轴瓦)构成。轴瓦结构如图 2-91 所示。

(1)轴瓦的结构:由 1~3mm 的钢背和 0.3~0.7mm 的减磨层组成。

(2)轴瓦的自由弹势:在自由状态下,轴瓦曲率半径大于座孔的半径,保证轴瓦装入座孔后依靠自身弹力卡在座孔在内。如果轴瓦依靠自身弹力不能卡在座孔内,说明轴瓦的机械强度已下降,不能再用。

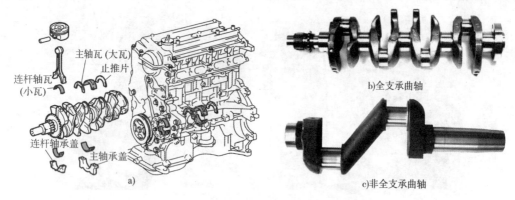

图 2-90 曲轴的支承与定位

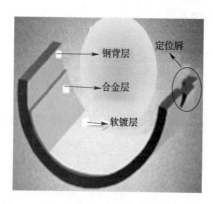
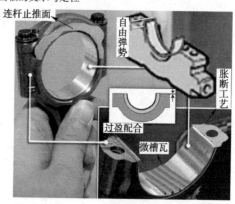

图 2-91 轴瓦结构

(3)轴瓦的过盈配合:轴瓦装入座孔内,轴瓦上端略高于瓦盖接合面,在轴瓦盖安装后,保证对轴瓦的压紧,使轴瓦在工作时不转、不移、不震;同量保证轴瓦的良好散热性能。

(4)轴瓦的定位:在轴瓦背的一端有定位唇,而在座孔一端有定位槽,安装轴瓦时定位唇落槽。在安装瓦盖时,瓦盖的定位槽与缸体或连杆端的定位槽应在同一端,俗称"瓦口对瓦口",如图 2-92 所示。

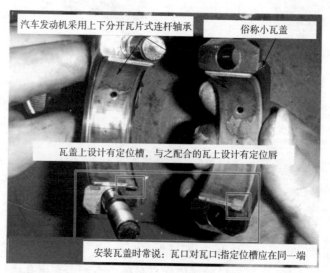

图 2-92 上下轴瓦

（5）曲轴的轴向定位由止推片来保证，防止曲轴横向窜动。安装在其中一个大瓦盖上，把曲轴向两边"撑"住。一种是单独的半圆形垫片，在垫片的一侧开有油槽，安装时注意油槽的一面朝外；另一种是翻边轴瓦（止推垫片和某个大瓦做成一体），如图2-93所示。

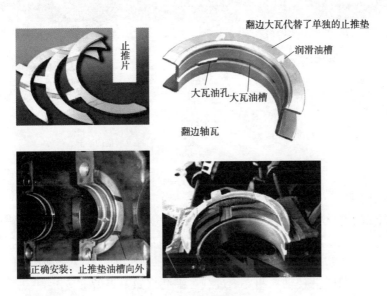

图2-93　止推片与翻边轴瓦

5. 曲轴的润滑与密封

曲轴的润滑主要是指连杆轴颈连杆轴瓦的润滑和曲轴两端的润滑。一般都是压力润滑的，曲轴中间会有油道和各个轴瓦相通，发动机运转以后靠机油泵提供压力供油进行润滑、降温。缸体油路如图2-94所示。

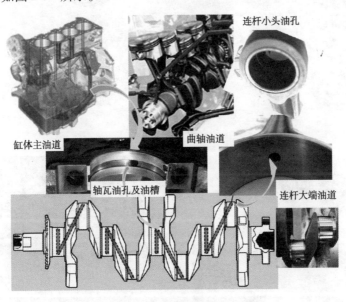

图2-94　缸体油路

曲轴前后端都伸出曲轴箱，为了防止润滑油沿轴外溢流出，在曲轴前后都设有防漏装置——油封。凡是运转体箱内有液体润滑油而又与外部相连接的部位都需要油封。有些是橡胶的，有些是金属的，多数是钢骨橡胶的。前后油封如图2-95所示。

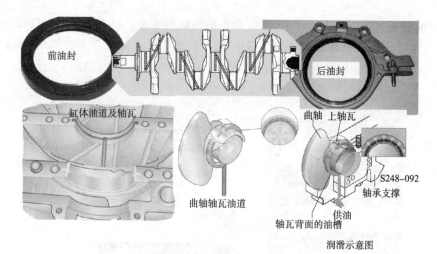

图 2-95　前后油封

6. 曲轴的动平衡

（1）平衡重：现代轿车要求舒适性和低噪声，则必须将引起汽车振动和噪声的发动机不平衡力及不平衡力矩减小到最低限度。图 2-96 所示为轮胎处于不平衡状态时，其质量轴线与旋转轴线不重合。发动机曲轴是高速运转的零件，其旋转质量系统必须保证动平衡，否则将引起很大振动及噪声，并使轴承和支承过载。平衡重如图 2-97 所示。

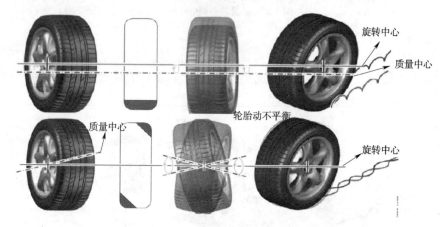

图 2-96　动不平衡

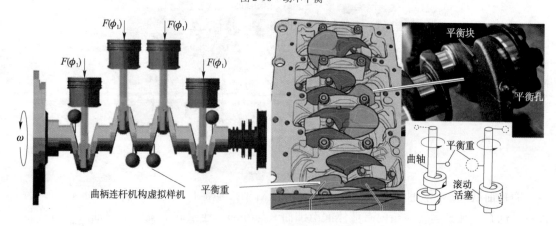

图 2-97　平衡重

（2）平衡机构：在曲柄臂上设置的平衡重只能平衡旋转惯性力及其力矩，而往复惯性力及其力矩的平衡则需采用专门的平衡机构，其工作原理如图2-98所示，其结构如图2-99所示。

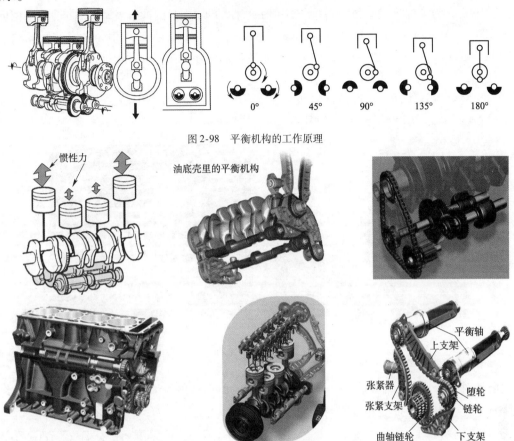

图2-98 平衡机构的工作原理

图2-99 平衡机构的结构

7. 曲轴偏置技术

曲轴偏置是指曲轴的轴线向汽缸中心面的一侧偏置，在做功行程时，连杆更接近于垂直状态，这样可以更多地将燃烧产生的压力作用于曲轴，同时也减小了活塞在汽缸壁上的压紧力和摩擦力，从而提高活塞运动时的效率，如图2-100所示。

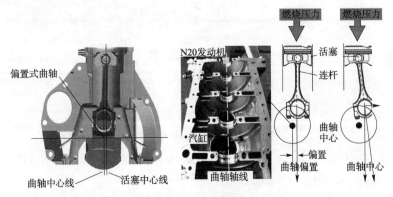

图2-100 曲轴偏置

8. 曲拐的布置

在多缸发动机中每个汽缸都是按照单缸发动机的工作过程工作的。但在同一时刻每个缸所进行的工作过程却不相同。它们是根据汽缸数目和汽缸的排列形式按照一定的工作顺序而工作的。为了保证发动机运转均匀性和平衡性的要求,对四冲程发动机,曲轴转动两圈(即720°)一个工作循环内,每个汽缸都必须做功一次。因此,各缸应相隔一定的转角而均匀的跳火做功。若多缸汽油机有 m 个汽缸,则发火间隔角应为: $\theta = 720/m$。

(1)直列四冲程四缸发动机

曲拐对称布置于同一平面内。相邻做功汽缸的曲拐夹角为 720°/4 = 180°。发动机工作顺序有 1-3-4-2(常用)和 1-2-4-3 两种,如图 2-101 所示。

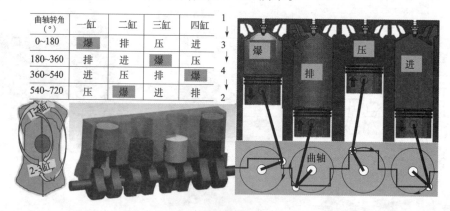

图 2-101 直列四冲程四缸发动机曲拐布置

(2)直列四冲程六缸发动机

曲拐对称布置于三个平面内。相邻做功汽缸的曲拐夹角为 720°/6 = 120°。发动机工作顺序有 1-5-3-6-2-4(常用)和 1-4-2-6-3-5 两种,如图 2-102 所示。

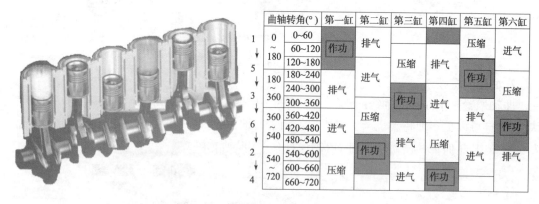

图 2-102 直列四冲程六缸发动机曲拐布置

三、飞轮

飞轮是一个具有较大转动惯量的圆盘,安装在曲轴后端。当发动机在做功冲程中气体压力通过活塞连杆推动曲轴时,也带动飞轮一起转动。此时飞轮将获得的一部分能量"储存"起来。当运转到其他三个辅助冲程时,飞轮便放出所"储存"的能量,使曲轴仍然保持原有的转速,从而提高发动机运转的均匀性,如图 2-103 所示。

所谓双质量飞轮(图 2-104),就是将原来的一个飞轮分成两个部分,一部分保留在原来发动机一侧的位置上,起到原来飞轮的作用,用于起动和传递发动机的转动扭矩,这一部分称为初级质量。另一部分则放置在传动系变速器一侧,用于提高变速器的转动惯量,这一部分称为次级质量。两部分飞轮质量经一套弹簧减振系统连接为一个整体。

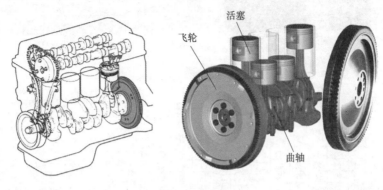

图 2-103 飞轮

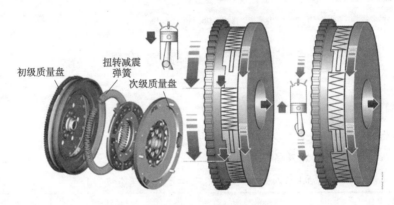

图 2-104 双质量飞轮

四、磨轴配瓦

曲轴和轴瓦磨损后,根据磨损情况修磨曲轴,将曲轴修磨至适当级别的修理尺寸(修磨至消除表面的形状误差即重新修磨成圆柱体轴颈),根据磨后的实际尺寸,配以同级别尺寸的轴瓦。但随着汽车发动机转速的不断提高,需要更高的加工精度(将曲轴轴颈、连杆大头孔径和缸体主轴承孔径按不同尺寸分组,每一级要求公差带宽为 6μ,若按 4 组尺寸级别,则要求加工保证的公差带宽为 24μ,这是比较低的加工精度要求,运转过程中曲轴有可能异响),所以现在很少修磨曲轴。

1. 轴瓦的选配

根据滑动轴承孔和轴颈的尺寸分组标记,通过使用对应的轴瓦表选择相对应颜色的轴瓦(轴瓦的颜色代表轴瓦厚度的分组),以最终达到合适的轴承间隙。

2. 轴瓦分组代码

它们以数字或条码压印以表明范围,可以在发动机上找到各种数字和条码的组合,如图 2-105 所示。

3. 配瓦范例

某曲轴主轴颈打刻 32323,与之配合的缸体主轴承孔打刻 BCBCB,如图 2-106 所示。

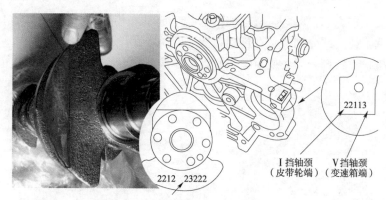

图 2-105 轴瓦分组代码

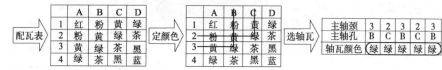

图 2-106 配瓦范例

任务六　曲轴的检测

 任务目标

1. 熟悉曲轴异响的故障表现及确认方法。
2. 掌握曲轴的检测内容及各项技术要求。
3. 熟悉曲轴异常损伤的原因分析及排除方法。

任务名称	曲轴的检测	组长姓名	
实训日期		任务成绩	
情境预设	一辆2008年生产的威驰1ZZ发动机,行驶80000km,车主反映该车行驶中加速时有发闷的、有节奏的镗镗声(每个挡位都有声音,只要一加速就有声音,松油门,声音就消失)。急加速和满载的时候声音更大,同时伴有机体振动现象。		

一、资讯

1. 根据图2-107,曲轴异响分为哪几种,故障现象是什么,如何区分?

答:

2. 引起曲轴异响的原因有哪些?

答:

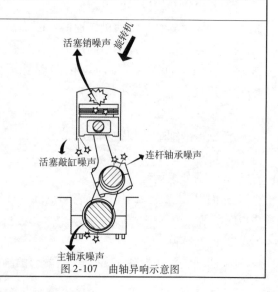

图 2-107 曲轴异响示意图

续上表

二、决策与计划

请根据故障现象和任务要求,确定所需要的检测仪器、工具,并对小组成员进行合理分工,制订详细的诊断和修复计划。

1. 如图2-108所示,曲轴检测的项目包括哪些？应该用到哪些工具？

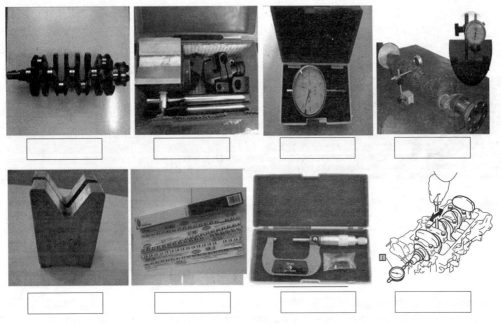

图2-108 检测工具

2. 小组成员分工

3. 诊断和修复计划

三、实施执行

1. 曲轴轴颈的测量

清洗并吹干曲轴，检查曲轴表面是否有刮伤烧蚀痕迹，将检测平台操平，将曲轴平放在干净润滑的 V 形铁上，校准量程合适的外径千分尺，在横向和竖向油孔两侧测量轴颈的直径，并计算圆度及圆柱度，如图 2-109 所示。

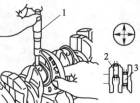

	2 号主轴颈		3 号连杆轴颈	
	横	纵	横	纵
油孔左				
油孔右				
圆度				
圆柱度				
标准值	圆度及圆柱度不超过 0.02mm			

图 2-109　测量曲轴轴颈

2. 曲轴的径向跳动量测量

使用长指针式或带接杆的百分表，连接好磁性表架，固定，将百分表避开油孔垂直预压缩 1mm，拧紧表架。旋转曲轴一周，读取表针的最大值与最小值，如图 2-110 所示。

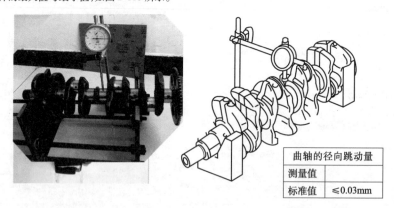

曲轴的径向跳动量	
测量值	
标准值	≤0.03mm

图 2-110　曲轴的径向跳动量测量

3. 曲轴轴承间隙检测

方法一：截取一段塑料间隙规放在曲轴主轴颈上，将轴承盖从中间向两边按规定力矩紧固，然后从两边向中间松卸轴承盖，读取间隙规的变形值，如图 2-111 所示。

方法二：将轴承盖紧固在缸体上，测量轴承的内径，减去曲轴的外径并测量轴瓦厚度。

测量值		标准值	0.05~0.18mm

图 2-111　曲轴轴承间隙检测

4. 曲轴轴向间隙检测

将曲轴按规定力矩紧固在缸体上,安装并固定好磁性表架,使表头接触曲轴前端预压缩 1mm,用起子前后撬动曲轴,读取数值,并测量止推片厚度,如图 2-112 所示。

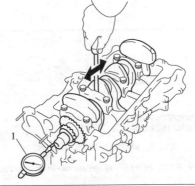

测量值		标准值	0.05~0.18mm

图 2-112　曲轴轴向间隙检测

续上表

5. 曲轴的维修，如图 2-113 所示。

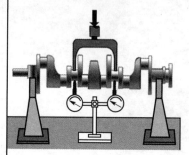
a)曲轴的弯曲冷压校正

b)激光熔覆

图 2-113　曲轴的维修

四、检查评估

1. 请根据自己任务完成的情况，对自己的工作进行自我评估，并提出改进意见。

2. 教师对小组工作情况进行评估，并进行点评。

任务七　汽缸磨损度的检测

 任务目标

1. 熟悉汽缸磨损的原因及规律。
2. 掌握汽缸磨损度的检测方法，并能计算加工尺寸。
3. 熟悉汽缸磨损对发动机性能的影响。

任务名称	汽缸磨损度检测	组长姓名	
实训日期		任务成绩	
情境预设	一辆 2011 年产威驰配置 1ZZ 发动机，行驶 200000km，车主反映该车行驶冒蓝烟、机油消耗快、发动机加速提速慢、油耗偏高。		

续上表

一、资讯

如图 2-114 所示,汽缸磨损后会对发动机产生怎样的影响?

图 2-114 汽缸磨损

二、决策与计划

请根据故障现象和任务要求,确定所需要的检测仪器、工具,并对小组成员进行合理分工,制订详细的诊断和修复计划。

1. 见图 2-115,汽缸磨损度的检测应用到哪些工具?

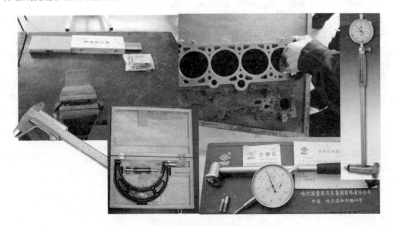

图 2-115 检测工具

2. 小组成员分工

3. 诊断和修复计划

三、实施执行

1. 清洁并检查汽缸

用汽油清洗并用压缩空气吹干待测缸体,检查汽缸内壁是否有刮伤烧蚀痕迹,将检测平台操平,将缸体通过枕木平放在检测平台上,如图2-116所示。

图2-116 检查缸体

2. 测量标准缸径并调好外径千分尺

清洁游标卡尺,用内径测量爪测取标准缸径,将内径千分尺调零并在台钳上,将外径千分尺调整到标准缸径大小,如图2-117所示。

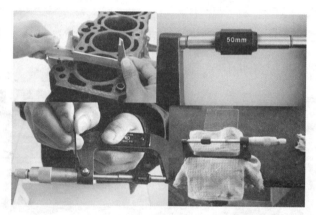

图2-117 确定标准缸径并校准外径千分尺

3. 组装量缸表

检查百分表是否正常,将百分表插入量缸表的杆身桶内,保证两者接触。选用在量程内的接杆,并旋上锁紧螺母,如图2-118所示。

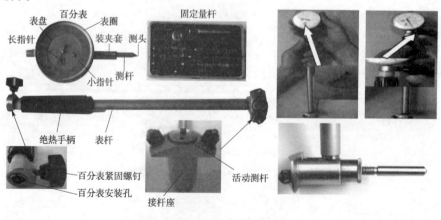

图2-118 组装量缸表

续上表

4. 调表

在调整好的外径千分尺上旋转接杆将百分表预压缩 1mm，使百分表上的大指针对零，旋紧锁紧螺母，将接杆锁死，取出组装并调整好的量缸表，如图 2-119 所示。

图 2-119　调表

5. 测量

每个汽缸测量上、中、下三个截面，每个截面测量横向、纵向两个方向共六组数据。在同一个界面内测量的数据中，最大值减去最小值的一半是该截面的圆度误差，在同一汽缸的六组数据中的最大值减去最小值的一半是该汽缸的圆柱度误差，如图 2-120 所示。

图 2-120　测量

四、检查评估

1. 请根据自己任务完成的情况，对自己的工作进行自我评估，并提出改进意见。

2. 教师对小组工作情况进行评估，并进行点评。

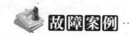 故障案例

案例　本田雅阁发动机连杆断裂故障

【故障现象】

一辆本田雅阁2.0L乘用车,行驶里程为28993km。在行驶过程中,听到一声较大的异响后发动机熄火,不能再次启动。

【故障诊断】

拖至维修站检查,发现发动机缸体破损。进一步拆检,发现第一缸连杆断裂。经分析,连杆材质各项指标均正常,排除了因材质问题引起故障的可能性。检查发动机舱时发现:电池安装座上有较多泥沙;在保险丝盒附近有大量飞溅的泥点;拆开空气滤清器,发现空气滤清器上盖上有较多泥点,且空气滤清器下盖上有相当多的泥土。种种迹象表明,该车曾经涉深水行驶。

解体发动机后,观察各缸缸套上活塞环运动的最高位置(上止点),可以看出第一缸的上止点明显比其他缸低。该车进气系统由进气口、共鸣腔、空气滤清器、进气管、节气门体、进气歧管等组成。水是如何进入进气系统从而进入发动机的呢?车辆在水中行驶时会使水面发生较大波动,造成水面高度相对进气口时高时低,水面高于进气口时,发动机将水吸入汽缸。连杆是弯曲运转一段时间后才发生断裂。

最初进入汽缸的水,在缸体高温的作用下很快形成水蒸气,使该缸无法形成可燃混合气。随着进水量的增多,水会积存在活塞顶部,使燃烧室的有效容积减小,压缩阻力增大,活塞传给连杆的压力也增大。当积水量达到一定程度(如接近燃烧室容积)时,压缩行程实际上变成了对水的压缩,连杆所承受的压力急剧增大,以至发生弯曲变形直至断裂,从而打破发动机缸体。

【回顾总结】

现代发动机一般采用直径较大的进气总管和进气阻力系数较小、呈弯曲手指状的进气歧管,给空气的进入提供便利的条件。然而,如果车辆在深水路面行驶,这种结构同样给水的进入提供便利条件。一般情况下,当水被吸入进气管时,由于惯性,水将首先涌到水平的进气总管末端,然后再往回流,导致位于进气总管末端的第一缸进气歧管最易进水。另一方面,多数发动机的混合气是在喷油器将燃油喷射到进气门附近开始形成的,各缸混合气的形成彼此独立。只要进气系统还有空气进入,其他汽缸仍可形成可燃混合气使发动机运转,导致进水汽缸的连杆弯曲,最终断裂。

因此,车辆在涉水行驶时要格外小心。当发现道路积水较深,有可能造成发动机进水时切不可强行通过,避免造成不必要的损失。

项目三 配气机构的拆装与检修

> **知识目标**
> 1. 掌握发动机配气机构的基本构成,熟悉各零件在发动机上的安装位置。
> 2. 理解发动机配气机构各零部件的运动关系和配气正时的重要性。
> 3. 了解配气机构的常见故障及其故障现象、排除方法。
>
> **能力目标**
> 1. 正确使用工具和设备。
> 2. 能够与人沟通,团队协作。
> 3. 能够熟练掌握发动机气门间隙的检测方法和操作规程。
> 4. 能够熟练掌握发动机配气机构的拆装要点,并正确规范地拆装气门和正时链条(正时带)。

任务一 气门组认知

> **任务目标**
> 1. 掌握气门组的零件构成,熟悉各零件的作用。
> 2. 能在实车上找到并识别发动机空气供给系统的所有传感器和元件。

一、配气机构的组成

1. 配气机构的作用

要想汽缸内不断地发生"爆炸",必须不断地输入新的燃料和及时排出废气,进、排气门在这过程中就扮演了重要角色。进、排气门是由凸轮控制的,按照发动机的工作循环和做功顺序,适时的执行"开门"和"关门"这两个动作,以便在进气行程使尽可能多的可燃混合气进入汽缸,在排气行程将废气快速排出汽缸。

进入汽缸内的新鲜气体质量(进气量)对发动机性能有很大影响。进气量越多,发动机的有效功率和转矩越大。因此,配气机构首先要保证进气充分,进气量尽可能多;排气干净,因为汽缸内残留的废气越多,进气量将会越少,如图3-1所示。

2. 充气效率

充气效率:在进气行程中,实际进入汽缸内可燃混合气的质量与标准状态下(1个大气压、20℃、密度为1.187kg/m³)工作容积内干燥空气质量的比值 $\eta_v = M/M_0$。大气压力高、温度低、密度高时,发动机的充气效率也将随之提高。

影响充气效率的因素有：近期终了汽缸内的压力及温度、压缩比、残余废气量、配气相位以及大气状态等。通常自然吸气发动机 $\eta_v = 0.8 \sim 0.9$，η_v 越高，发动机发出的功率越大。

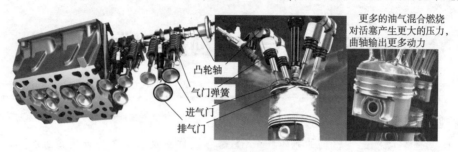

图 3-1 配气机构的组成

发动机是通过活塞向下运动时把空气吸入汽缸进行燃烧的，依靠这种活塞产生的大气压力差，在理论上是不可能把汽缸内完全注满新鲜空气的，也是不可能把汽缸内的废气完全排出的，如图 3-2 所示。

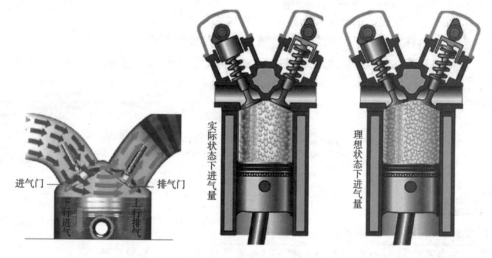

图 3-2 汽缸充气效率

3. 配气机构的组成

配气机构由气门组、气门传动组两大部分组成。气门组主要起引导气体流动，密封气体的作用，由气门、气门座、气门导管、气门弹簧、弹簧座、锁片等组成。气门传动组主要负责传递曲轴来的驱动力，定时的打开与关闭气门，与该缸的工作状态相对应，由正时链、正时齿轮、凸轮轴、液压挺柱、（摇臂）等组成。

4. 配气机构的分类

不同的配气机构，它们的组成构件、布置形式、驱动方式、调整方法等都不尽相同，所以有必要掌握常见的配气机构的类型。配气机构按凸轮轴的安装位置分为下置式、中置式、顶置式。按曲轴与凸轮轴之间的传动方式不同分为：齿轮传动、链传动和皮带传动。

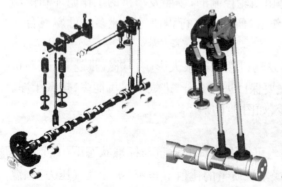

图 3-3 凸轮轴下置

（1）凸轮轴下置（图 3-3）：凸轮轴与曲

轴在同一水平面上,离曲轴较近,但是气门和凸轮轴相距较远,因而气门传动零件较多,传动链长,结构较复杂,整个机构的刚度差。现在已很少采用。齿轮传动结构简单,安装调整也简单,噪声小;另外传动的力最大,所以齿轮传动一般应用在高压缩比的柴油机上,而汽油机常采用皮带或链条传动。

（2）凸轮轴中置（图3-4）:凸轮轴位于缸体的中部,缩短了推杆,减轻了配气机构的往复运动质量,但传动零件依然较多,适用于较高转速的发动机。链条传动的可靠性较好,适用于高扭矩的发动机,成本较高,此外噪声较大,不过近年来开发出静音链条,使其应用越来越广泛。

（3）凸轮轴顶置（图3-5）:运动件少,凸轮轴至气门的传动链短,整个机构的刚度大,适合于高速发动机。凸轮轴与曲轴传动距离较远,一般用齿形带传动或链传动。皮带传动噪声小、质量轻、成本低,现在应用较多的是齿形带,传动可靠。

图3-4 凸轮轴中置　　　　　　　　　图3-5 凸轮轴顶置

按气门驱动方式不同分为:直接驱动式、摆臂驱动式、摇臂驱动式。

直接驱动式（图3-6）:凸轮通过吊杯形机械挺柱驱动气门,或通过吊杯形液力挺柱驱动气门。直接驱动式配气机构的刚度最大,驱动气门的能量损失最小。

摆臂驱动气门式（图3-7）:由于摆臂驱动气门的配气机构比摇臂驱动式刚度更好,更有利于高速发动机,因此在轿车发动机上的应用比较广泛。

摇臂驱动气门式（图3-8）:在单顶置凸轮轴（SOHC）中,凸轮轴通过一种像跷跷板的零件——摇臂,驱动气门;比推杆式配气机构的零件显著减少。因此,单顶置凸轮轴能提高发动机转速,从而在输出转矩相同的情况下提高发动机的功率输出。SOHC有比较可靠的气门运动。

图3-6 直接驱动式

 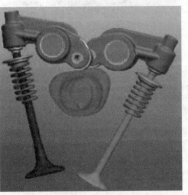

图3-7 摆臂式　　　　　　图3-8 摇臂式

二、气门

1. 功用
密封气道、由头部和杆身组成,头部—密封气道,杆身—导向作用。

2. 工作条件
(1)头部直接与高温气体接触。
(2)气门散热困难。
(3)气门关闭时,承受很大落座冲击力。
(4)被汽缸中废气的酸性物质腐蚀。

3. 分类
(1)平顶气门:结构简单,制造方便,吸热面积小,质量也较小,进、排气门都可采用(图3-9)。

(2)凹顶气门:凹顶头部与杆部的过渡部分具有一定的流线型,可以减少进气阻力,但其顶部受热面积大,故适用于进气门,而不宜用于排气门。

图3-9 平顶气门

排气门中空充钠技术,气门是空心的,在气门中央的空腔中会填满金属钠。当气门工作时,头部温度非常高,钠吸热气化上升至气门杆顶部经冷却水散热,从而提高气门散热能力。这种技术在涡轮增压发动机比较常见,如图3-10所示。

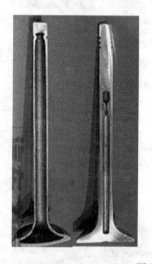

图3-10 充钠气门

气门锥角:气门锥面与气门顶平面的夹角称为气门锥角。常用的气门锥角为30°和45°,边缘应保持一定的厚度,1~3mm。防止受冲击损坏或高温气体烧坏,如图3-11所示。

气门锥角的作用:①提高密封性和导热性;②气门落座有自动定位作用;③避免使气流拐弯过大而降低流速;④有了锥角,气门落座时能挤掉接触面的沉积物,有自洁作用。

气门尾端的形状决定于上气门弹簧座的固定方式。采用剖分成两半且外表面为锥面的气门锁夹来固定上气门弹簧座,结构简单,工作可靠,拆装方便。气门锁夹内表面有多种形状,相应地,气门尾端也有各种不同形状的气门锁夹槽。锁片如图3-12所示。

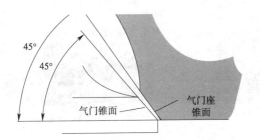 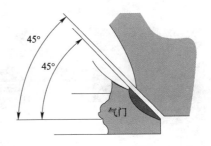

图 3-11 气门锥角

  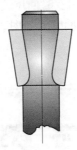 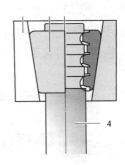 

图 3-12 锁片

气门导管：
(1) 作用：为气门的运动导向，保证气门直线运动兼起导热作用。
(2) 工作条件：工作温度较高，约 500K。润滑困难，易磨损。
(3) 材料：用含石墨较多的铸铁，能提高自润滑作用。

气门导管的主要是气门运动的导向作用，同时起导热作用，将气门杆的热量经气门导管传给缸盖及水套。为了防止导管在使用过程中松动脱落，有的发动机在气门导管的中部加装定位卡环，如图 3-13 所示。

气门座：
汽缸盖的进、排气道与气门锥面相结合的部位，如图 3-14 所示。
作用：靠其内锥面与气门锥面的紧密贴合密封汽缸，对气门传来的热量进行散热。

图 3-13 气门导管

  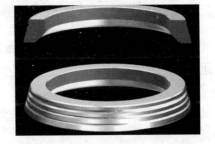

图 3-14 气门座

气门油封：
用于发动机气门导杆的密封。可以防止机油进入进排气管，造成机油流失，防止汽油与空气的混合气体以及排放废气泄漏，防止发动机机油进入发动机燃烧室，如图 3-15 所示。

气门弹簧：

  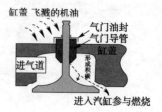

图 3-15　气门油封

（1）作用：当气门关闭时，保证气门及时回位关闭，密封汽缸内压力；当气门打开时，保证气门不脱离凸轮，保证气门正常的运动状态，如图 3-16 所示。

（2）材料：高锰碳钢、铬钒钢。

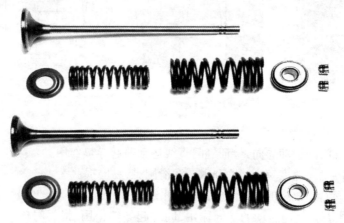

图 3-16　气门弹簧

以前的发动机每个汽缸有两个气门，即一个进气门和一个排气门。进气门头部直径比排气门大 15%～30%。现代高性能汽车发动机为了提高进排气效率，多采用多气门技术，普遍采用每缸三气门（两进一排）、四气门（两进两排）、五气门（三进两排），其中尤以四气门发动机为多。

对气门组的要求：

（1）气门头部与气门座贴合严密。

（2）气门导管与气门杆的上下运动有良好的导向。

（3）气门弹簧两端面与气门杆的中心线相垂直，以保证气门头在气门座上不偏斜。

（4）气门弹簧的弹力足以克服气门及其传动件的运动惯性力，使气门能迅速开闭，并保证气门紧压在气门座上。

任务二　气门间隙的检测及调整

任务目标

1. 熟悉气门间隙的作用及测量方法。
2. 掌握常见的气门结构的调整方法。
3. 熟悉气门间隙对发动机性能的影响。

任务名称	气门间隙的检测及调整	组长姓名	
实训日期		任务成绩	
情境预设	一辆2012年产威驰1ZZ发动机,行驶100000km,车主反映该车气门处发出"嗒嗒"声,发动机功率有所下降,油耗升高。		

一、资讯

为什么要有气门间隙,其对发动机产生怎样的影响?

二、决策与计划

请根据故障现象和任务要求,确定所需要的检测仪器、工具,并对小组成员进行合理分工,制订详细的诊断和修复计划。

如图3-17所示,不同的气门机构调整的方法,如调整螺钉、调整垫片、调整垫、液压挺柱等。

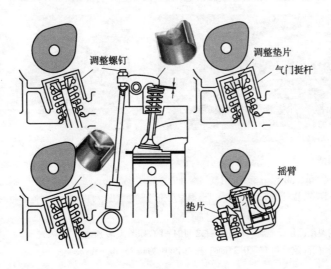

图3-17　不同的气门机构调整方法

续上表

1. 见图 3-18,气门间隙检测应用到哪些工具?

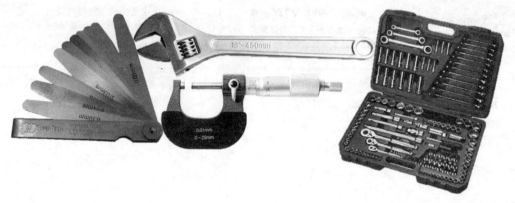

图 3-18　检测工具

2. 小组成员分工

3. 诊断和修复计划

三、实施执行

1. 对准配气正时标记

拆下汽缸盖罩,顺时针转动曲轴到一缸上止点位置,三处正时标记均对齐,如图 3-19 所示。

图 3-19　对准配气正时标记

2. 测量相应气门间隙

测量气门间隙时,考虑配气相位中 5 个角对气门运动的影响,"将要进气、正在进气、进气刚完,进气门不可调;将要排气、正在排气、排气刚完,排气门不可调。"所以根据发动机的做功顺序,可以得出此时应调整的气门间隙。

3. 测量气门间隙

用塞尺选择合适的厚度测量凸轮轴与液压挺柱之间的间隙,如图 3-20 所示。

发动机冷态下,进气门间隙为 0.15 ~ 0.25mm;排气门间隙为 0.25 ~ 0.35mm。

图 3-20 测量间隙

4. 将曲轴转动360°,测与之相应的另一组气门间隙,如图 3-21 所示。

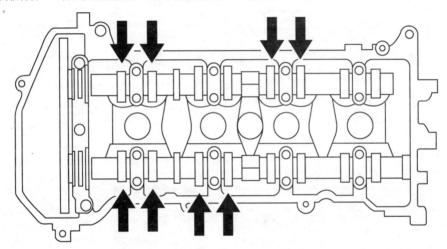

图 3-21 另一组气门加测

5. 拆卸排气凸轮轴

将配气正时的三个标记对齐,用销钉将飞轮固定,用专用工具将凸轮轴也固定住,防止两者的相对位置发生改变,使配气正时错乱。用开口扳手或活动扳手和梅花扳手配合卸松正时链轮,再按图 3-22 所示顺序卸松轴承盖,注意凸轮轴材质较脆易断,在拆装过程中一定要分多次旋松逐渐卸力。

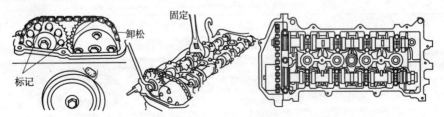

图 3-22 卸松轴承盖的顺序

续上表

6. 拆卸进气凸轮轴

如图 3-23 所示,将进气凸轮轴上的轴承盖按顺序分多次卸松,取下正时链,将进排气凸轮轴取出放好。

图 3-23 拆卸进气凸轮轴

7. 测量液压挺柱

使用外径千分尺测量被取出的液压挺柱的厚度,按公式计算出新液压挺柱的厚度,使气门间隙在规定范围内(注意在装凸轮轴时还需对配气正时,详见"任务五配气机构的拆装")。测量液压挺柱如图 3-24 所示。

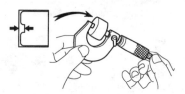

图 3-24 测量液压挺柱

进气　$A = B + C - 0.20$

排气　$A = B + C - 0.30$

注:A 为新液压挺柱厚度;

　　B 为旧液压挺柱厚度;

　　C 为测量的气门间隙。

四、检查评估

1. 请根据自己任务完成的情况,对自己的工作进行自我评估,并提出改进意见。

2. 教师对小组工作情况进行评估,并进行点评。

任务三　气门传动组认知

 **任务目标**

1. 掌握气门传动组的零件构成,熟悉各零件的作用。
2. 正确理解气门间隙的意义及其影响。

一、气门传动组

1. 组成
正时齿轮、配气凸轮轴、摇臂(摆臂)、挺柱等,如图3-25所示。

2. 功用
定时驱动气门开闭,并保证气门有足够的开度和适当的气门间隙。

图3-25　不同形式的气门传动

二、配气凸轮轴

1. 作用
驱动和控制各缸气门的开启和关闭,使其符合发动机的工作顺序、配气相位和气门开度的变化规律等要求。另外,大部分汽油机还利用凸轮轴来驱动,如图3-26所示。

2. 工作条件
承受气门弹簧的张力,间歇性的冲击载荷。

3. 材料
优质钢、合金铸铁、球墨铸铁。

图3-26　配气凸轮轴

4. 凸轮性能
表面有良好的耐磨性,足够的刚度。

5. 重点
(1)四冲程配气凸轮轴与曲轴转速之比为1∶2,即曲轴转两圈,凸轮轴转一圈。

(2)凸轮轴的凸轮角度是根据发动机的做功顺序和配气相位来设计的。

(3)凸轮轴的轴向定位:

上置式凸轮轴通常利用凸轮轴承盖的两个端面和凸轮轴轴颈两侧的凸肩进行轴向定位,如图3-27所示。中、下置式凸轮轴的轴向定位通常采用止推板。止推板用螺栓固定在机体前端面上。

(4)凸轮轴定时齿轮的安装必须根据记号进行,以保证发动机的配气相位与发动机的做功顺序相符。

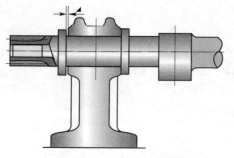

图 3-27 凸轮轴轴向定位

装配式凸轮轴(亦称中空复合式凸轮轴或组合式凸轮轴):突破了传统一体式凸轮轴设计与制造理念的局限,将空心轴体、凸轮、轴颈以及端头凸缘、内凸轮和齿轮等零部件分别进行材料优化匹配、分体精密加工,然后通过某种连接方法装配到中空轴体上形成完整的凸轮轴,装配后只需进行精加工工序凸轮采用碳钢或粉末烧结材料,轴体则采用空心无缝钢管,如图 3-28 所示。

凸轮轮廓与气门的运动规律:

图 3-28 装配式凸轮轴

气门的开闭时刻及其升程变化规律主要取决于控制气门的凸轮外部轮廓曲线。弧 BCD 工作段所对应的夹角,称作气门开启持续角。凸轮轮廓 BCD 段的形状,直接决定了气门的升程及其升降过程的运动规律,如图 3-29 和图 3-30 所示。

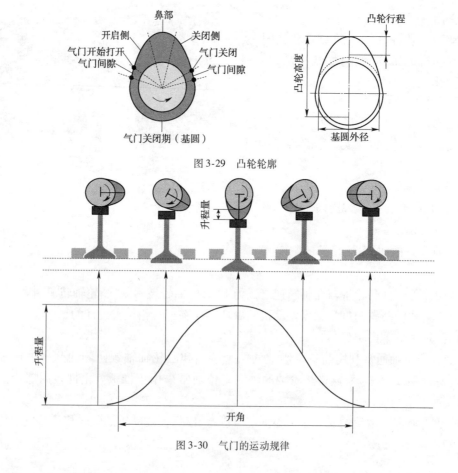

图 3-29 凸轮轮廓

图 3-30 气门的运动规律

同名凸轮的相对角位置：

在一个工作循环内，每个汽缸都要进行一次进（排）气，且各缸进（排）气的时间间隔相等，即各缸进（排）气凸轮彼此间的夹角均为 $360°/i$，1ZZ 汽油机的同名凸轮轴间的夹角如图 3-31 所示。

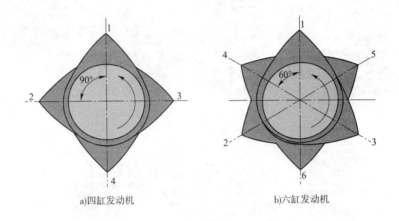

图 3-31 同名凸轮的相对角位置

三、挺柱

挺柱的作用是将凸轮轴旋转时产生的推动力传给推杆（下、中置凸轮轴）或气门（上置凸轮轴）。同时还承受凸轮所施加的侧向力，并将其传给机体或汽缸盖，如图 3-32 所示。

挺柱的材料有碳钢、合金钢、镍铬合金铸铁和冷激合金铸铁等。

机械挺柱：挺柱上的推杆球面支座的半径比推杆球头半径略大。

液力挺柱：结构复杂，加工精度高，磨损后无法调整，只能更换。

液力挺柱能自动消除配气机构中的间隙，减小各零件的冲击载荷和噪声，并使凸轮轮廓可设计得比较陡一些，气门开启和关闭更快，以减小进排气阻力，改善发动机的换气，提高发动机的性能，特别是高速性能，如图 3-33 所示。

图 3-32 挺柱

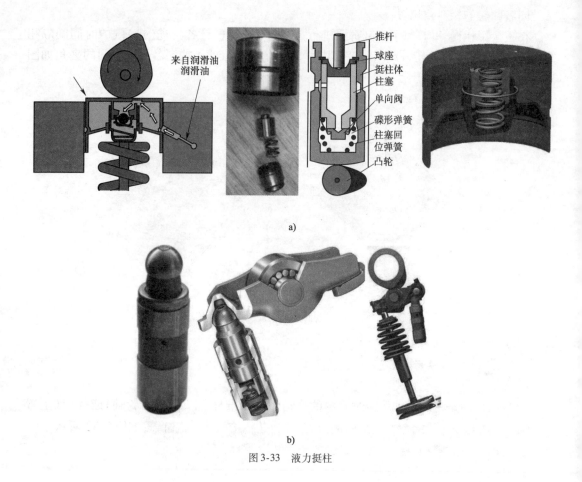

图3-33 液力挺柱

任务四 配气正时

**任务目标**

1. 掌握气门的五个角度,熟悉各角度的实际意义。
2. 正确配气正时的意义及其影响。

一、配气相位图

1. 配气相位

定义:用曲轴转角表示的进排气门开启和关闭的时刻以及开启持续的时间,通常用环形图表示,称为配气相位。配气相位的各个角度可用配气相位图来表示,如图3-34所示。

2. 配气正时

曲轴位置用相对于基准点的角度值表示。在此也称为曲轴转角。基准点是活塞上止点。曲轴转角用TDC表示,即活塞到达止点前的曲轴角度。

换气:吸入新鲜汽油空气混合气和排出废气称为换气。通过进气门和排气门控制换气。气门的开启和关闭时刻也取决于曲轴转角。这些时刻又称为配气正时,因为通过它们决定发动机的换气控制,如图3-35所示。

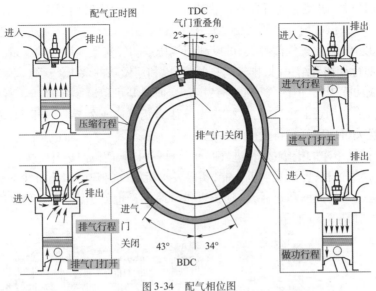

图 3-34 配气相位图

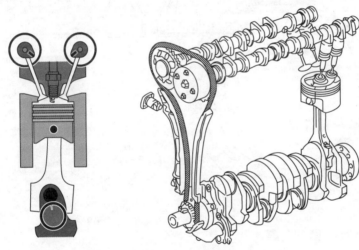

图 3-35 配气正时

3. 理论上的配气相位分析

(1) 理论上进、压、爆、排各占 180°，进、排气门都应在上、下止点开闭（开闭时刻），延续时间都是 180° 曲轴转角。但实际情况并非如此。

(2) 原因：

①发动机高转速：实际发动机曲轴转速很高，活塞每一行程历时都很短（如四冲程发动机转速 3000r/min 时，一个行程时间只有 0.01s）。

②气门的开、闭有个过程：用凸轮驱动气门开启需要一个过程，气门全开的时间就更短了，这样短的时间使发动机进气不足，排气不净，影响功率。拿一部 2.0L 四缸发动机举例，曲轴每转一圈会有两个汽缸进气，也就是 1L。在转速 3000r/min 时，就需要进气 $3m^3$，50L/S，相当于 2.7 个纯净水桶的容积。这仅仅是 2.0L 发动机在转速 3000r/min 时的理论进气量。

③气体惯性的影响（气体流速越高惯性越大）。

4. 实际的配气相位分析

为了使进气充足，排气干净，气门需早开晚闭，延长进、排气时间。

95

(1)进气门早开,可使进气行程一开始就有一个较大的通道面积,可增加进气量。活塞到达进气下止点时,汽缸内气体压力仍然低于大气压,另外,此时进气流还有较大的惯性,加之活塞上行速度慢,因此进气门晚关,可以利用气压差和气流惯性增加进气量。

(2)在做功行程快要结束时,排气门打开,可以利用做功的余压使废气高速冲出汽缸,排气门早开,造成功率损失,但因气压低,损失不大,而早开可以减少排气所消耗的功,又有利于废气的排出,活塞到达上止点时,汽缸内废气压力仍然高于外界大气压,加之排气气流的惯性,排气门晚关可使废气排得更彻底一些。

进气充分排气干净的措施:延长进气时间与排气时间,使气门早开晚关。

为了改善换气过程,提高发动机性能,实际发动机的气门开启和关闭并不恰好在活塞的上下止点,而是适当的提前和迟后,以延长进排气时间。也就是说,气门开启过程中曲轴转角都大于180°,如图3-36所示。

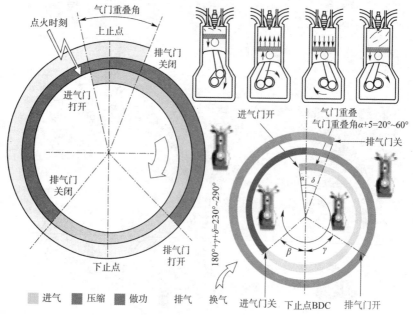

图3-36 实际的配气相位

5.配气相位的实现

凸轮轮廓的设计:控制气门的运动,如图3-37所示。

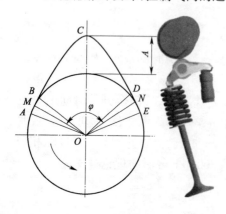

图3-37 凸轮轮廓

凸轮轴的正确安装:和曲轴有正确的相位关系(相对于曲轴的正确装配位置对准标记)。

不可改变的配气相位:只能在某一转速时充分利用气体流动惯性,在该转速范围内能做到进气充分,排气干净。

引导问题1

汽油发动机良好工作的基础条件包括哪些?

二、配气相位角

对于四冲程汽油机来说,发动机能够良好工作的基础有五点:

(1)需要良好的汽缸密封性,保证汽缸压力正常,这由活塞、汽缸、活塞环、汽缸垫、气门、缸盖保证;

(2)合适混合气的浓度,这由燃油供给系统提供;

(3)良好的润滑和冷却,这由发动机的冷却及润滑系统来保证;

(4)足够的点火能量,这由点火系统提供;

(5)正确的配气时间和点火时间,即在进气时进气门适时的打开,当压缩和做功时必须关闭,当排气时排气门要及时打开,保证燃烧后的废气排出。在混合气被压缩到一定程度后,点火系统要适时的点燃混合气。

用配气相位角来表示进排气门的开启、关闭时刻及持续时间。配气相位角包括:进气提前角、进气滞后角、排气提前角、排气滞后角、气门重叠角。

1. 进气提前角

(1)定义:在排气行程接近终了,活塞到达上止点之前,进气门便开始开启从进气门开始开启到上止点所对应的曲轴转角称为进气提前角(或早开角)。进气提前角用 α 表示,α 一般为 $10°\sim30°$,如图 3-38 所示。

(2)目的:进气门早开,使得活塞到达上止点开始向下运动时,因进气门已有一定开度,所以可较快地获得较大的进气通道截面,减少进气阻力。

2. 进气滞后角

(1)定义:在进气行程下止点过后,活塞上行一段,进气门才关闭。从下止点到进气门关闭所对应的曲轴转角称为进气迟后角(或晚关角)。进气迟后角用 β 表示,β 一般为 $40°\sim80°$,如图 3-39 所示。

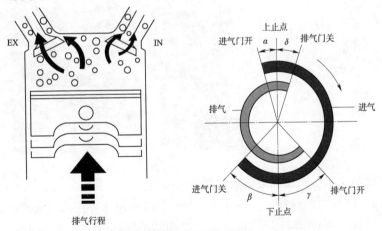

图 3-38 进气提前角　　图 3-39 进气滞后角

(2)目的:由于进气阻力的影响,活塞到达下止点时,汽缸压力低于大气压,这时气流还有相当大的惯性,仍能继续进气,直至流速等于零,进气门关闭最适宜。

3. 排气提前角

(1)定义:在做功行程的后期,活塞到达下止点前,排气门便提前开启。从排气门开始开启到下止点所对应的曲轴转角称为排气提前角(或早开角)。排气提前角用 γ 表示,γ 一般为 $40°\sim80°$。

(2)目的:

①利用汽缸内的废气压力提前自由排气：恰当的排气门早开，汽缸内还有大约300～500kPa的压力，但做功作用已经不大，可利用此压力使汽缸内的废气迅速地自由排出。

②减少排气消耗的功率：提前排气，等活塞到达下止点时，汽缸内只剩约110～120kPa的压力，使排气冲程所消耗的功率大为减小。

③高温废气的早排，还可以防止发动机过热。

4. 排气滞后角

（1）定义：在活塞越过上止点后，排气门才关闭。从上止点到排气门关闭所对应的曲轴转角称为排气迟后角（或晚关角）。排气迟后角用δ表示，δ一般为10°～30°。

（2）目的：

①利用缸内外压力差继续排气：活塞到达上止点时，汽缸内的压力仍高于大气压，利用缸内外压力差可继续排气。②利用惯性继续排气：活塞到达上止点时，废气气流有一定的惯性，利用惯性可继续排气。所以排气门适当晚关可使废气排得较干净。

由此可见，气门开启持续时间内的曲轴转角，即排气持续角为$\gamma+180°+\delta$，如图3-40所示。

5. 气门重叠角

由于进气门早开和排气门晚关，就出现了一段进排气门同时开启的现象，称为气门叠开。同时开启的角度，即进气门早开角与排气门晚关角的和（$\alpha+\delta$），称为气门重叠角（图3-41）。

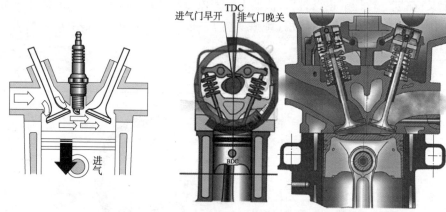

图3-40 排气滞后角　　　　图3-41 气门重叠角

6. 废气倒排回进气管和新鲜气体随废气排出的问题

由于叠开时气门的开度较小，且新鲜气体和废气流的惯性要保持原来的流动方向，所以只要重叠角适当，就不会产生废气倒排回进气管和新鲜气体随废气排出的问题。发动机的结构不同、转速不同，配气相位也就不同。

引导问题2

固定的配气相位角是不是在发动机的任何转速都有利于提高充气效。

三、配气相位对发动机工作性能的影响

1. 气门重叠角（进气提前角＋排气迟后角）

（1）过大：导致废气倒流，新鲜气体随废气排出；燃料浪费、动力不足。

（2）过小：会导致排气不彻底，进气量少，动力不足。

2. 进气滞后角 β

(1)过小:进气门关闭过早,影响进气量。

(2)过大:进气门关闭过晚,活塞上行,将气体又压回进气管。

3. 排气提前角 γ

(1)过大:把有做功能力的高温气体排出汽缸,造成功率下降,油耗增大,排气管放炮。

(2)过小:排气阻力增大发动机功耗,发动机过热。

四、提高充气效率的措施

(1)减小进气系统的流动损失。

增大进气门直径(进气快、阻力小);增加进气门数目(四气门结构);增大气门升程、凸轮轮廓(气门开闭迅速);减小气门锥角。

(2)减小进气道和进气管的阻力。

较大的进气通道面积,高速时有较短的进气道;减少弯道和截面冲突(进气缓和、阻力小);缸内喷射代替进气道喷射。

(3)进、排气管分置(排气管温度过高使进气量减少)。

(4)减少排气系统对气流的阻力,采用四气门结构、减少排气道和排气管的阻力。

(5)合理选择配气定时。

(6)利用进排气管内的动态效应。

(7)采用发动机增压技术。

知识拓展

采用可变配气定时机构可以改善发动机的性能。发动机转速不同,要求不同的配气定时。这是因为:当发动机转速改变时,由于进气流速和强制排气时期的废气流速也随之改变,因此在气门晚关期间利用气流惯性增加进气和促进排气的效果将会不同。

当发动机在低速运转时,气流惯性小,若此时配气定时保持不变,则部分进气将被活塞推出汽缸,使进气量减少,汽缸内残余废气将会增多。

当发动机在高速运转时,气流惯性大,若此时增大进气迟后角和气门重叠角,则会增加进气量和减少残余废气量,使发动机的换气过程臻于完善。

总之,四冲程发动机的配气定时应该是进气迟后角和气门重叠角随发动机转速的升高而加大。如果气门升程也能随发动机转速的升高而加大,则将更有利于获得良好的发动机高速性能。

而可变气门正时技术(VVT),就是通过技术手段,实现气门重叠角的可变来解决这一问题。

1. 闭缸技术

气门顶杆于定速及减速等工况下将部分进排气门关闭,且停止供油及点火。其优点是改善油耗7%~10%。

2. 可变气门正时(可变配气相位)

气门重叠角小,低速性能好,排放小。气门重叠角大,高速性能好,排放多。

VVT可同时兼顾发动机高速和低速工况,并且能在不影响发动机性能的前提下,极大地减小排放循环的冷机排放。双VVT,充分优化进排气相位,内部排气再循环。

特性参数主要有三个:气门开启相位、气门开启持续角度(指气门保持升起持续的曲轴转角)和气门升程。这三个特性参数对发动机的性能、油耗和排放有重要影响。

按实现控制的传动部件不同进行分类:

(1)凸轮轴:直接通过凸轮轴的周向相对转动或轴向移动来改变气门正时或气门升程,如图3-42所示。

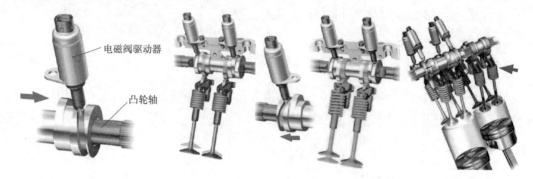

图3-42 奥迪AVS技术

(2)气门摇臂:在顶置式配气机构中,一般都是通过气门摇臂的杠杆作用,促使气门工作的。通过在摇臂机构中增设一些传动部件,利用传动部件改变气门的运动方式,达到改变气门正时和气门升程目的,如图3-43所示。

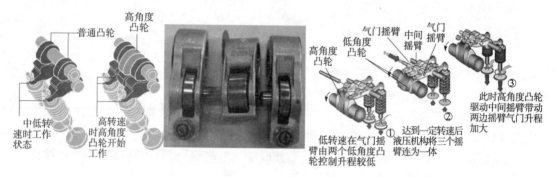

图3-43 本田VETC技术

(3)气门挺杆(挺柱):气门挺杆的作用是将凸轮轴转动时的推力传给气门,促使气门工作的。如果对挺杆的结构适当进行改进,也可用来改变气门正时或气门升程,如图3-44所示。

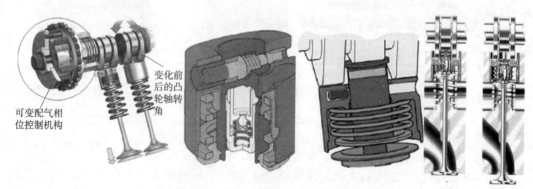

图3-44 INA同心液压挺柱技术

任务五　配气机构的拆装

任务目标

1. 掌握配气机构拆装方法。
2. 掌握气门的清洗。
3. 熟悉气门积碳的保养使用方法。

任务名称	配气机构的拆装	组长姓名	
实训日期		任务成绩	
情境预设	一辆2010年产威驰1ZZ发动机,行驶65000km,冬季来店维修,车主反映该车出现起动困难、怠速不稳、行驶中加速不良、油耗比之前偏高的现象。		

一、资讯

1. 气门积碳(图3-45)的形成及危害?

答:

2. 拆装配气机构时应该注意哪些?

答:

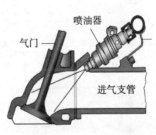

图3-45　气门积碳

二、决策与计划

请根据故障现象和任务要求,确定所需要的检测仪器、工具,并对小组成员进行合理分工,制订详细的诊断和修复计划。

续上表

1. 见图 3-46，配气机构的拆装应该用到哪些工具？

图 3-46　拆装工具

2. 小组成员分工

3. 诊断和修复计划

三、实施执行

1. 配气机构的拆装步骤
(1) 首先拆卸发动机的外围附件。
拆进气管、排气歧管（排气管隔热垫）、发电机、发动机线束，如图 3-47 所示。

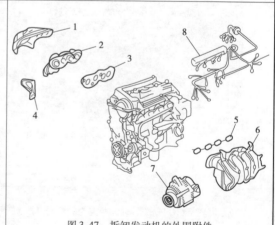

图 3-47　拆卸发动机的外围附件
1~8 为拆卸顺序

(2)转动曲轴,对正配气正时标记,固定飞轮。

用SST工具拧下皮带轮,用拉拔器拆下皮带轮。拆下水泵(注意冷却水的外溢),如图3-48所示。

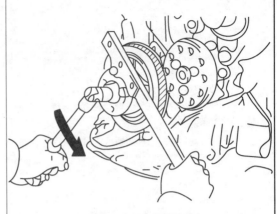

图3-48 拆卸曲轴前端

(3)拆卸正时链条盖。

依次拆下汽缸盖罩、密封垫、正时链条盖,如图3-49所示。

图3-49 拆卸正时链条盖

(4)拆卸正时链条。

依次拆下链条张紧器、链条导轨、正时链条,如图3-50所示。

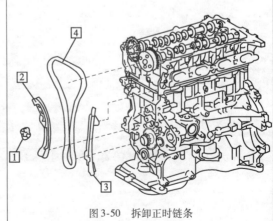

图3-50 拆卸正时链条

续上表

（5）拆卸凸轮轴。 设定凸轮轴定位螺栓（以便气门弹簧力均匀施加到凸轮轴上，防止凸轮轴断裂）； 拆卸凸轮轴（均匀松开和拆卸轴承盖固定螺栓），如图3-51所示。	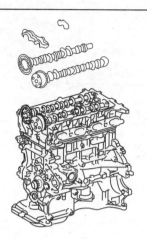 图3-51 拆卸凸轮轴
（6）拆卸汽缸盖。 按从外到内，左右堆成对角拧松缸盖螺栓，用橡皮锤敲击缸盖，拆下汽缸盖和汽缸垫，如图3-52所示。	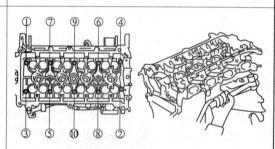 图3-52 拆卸汽缸盖
（7）使用气门拆装钳压缩气门弹簧，拆下锁片、弹簧座和气门弹簧，如图3-53所示。	 图3-53 拆卸气门
（8）按次序将拆下的气门、气门弹簧、锁片、油封摆放整齐，如图3-54所示。	 图3-54 摆放好零件

续上表

2.用专用工具清洁气门、进气道等处的积碳 (1)用专用工具清洁积碳,如图3-55所示。	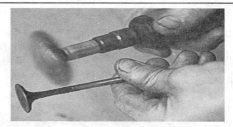 图3-55 清洁气门
(2)清洁前后的效果对比,如图3-56所示。	 图3-56 清洁前后的对比
(3)清洗燃烧室积碳,安装新油封,如图3-57所示。	

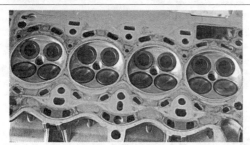 

图3-57 清洗燃烧室

(4)在锁片上涂抹少许黄油,用气门拆装钳压缩弹簧,安装气门,如图3-58所示。	 图3-58 安装弹簧

3.装复汽缸盖

按照"后拆的先装,先拆的后装"的顺序安装零件,将凸轮轴承盖按顺序逐个分多次拧紧,并按规定力矩54N·m拧紧螺栓,安装并拧紧正时链轮,如图3-59所示。

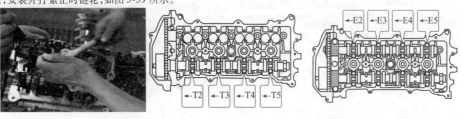

图3-59 装复汽缸盖

4. 对齐正时标记 旋转进排气凸轮轴及曲轴,将三处正时标记对齐并固定,如图3-60所示。  图3-60 对齐正时标记	
5. 安装链条张紧器 检查正时链的正时标记在装的过程中有无错位,将链条张紧器锁止在最短位置,安装链条张紧器用9N·m的力拧紧螺栓。 转动曲轴两周,链条张紧器应自动弹出,否则可以用手指按压弹出。此外,还应观察转动两周后,正时标记是否仍对齐,否则应重新对配气正时,如图3-61所示。 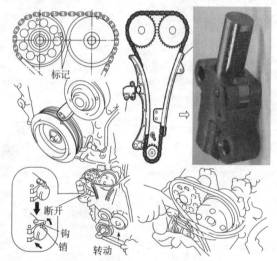 图3-61 安装链条张紧器	
四、检查评估	
1. 请根据自己任务完成的情况,对自己的工作进行自我评估,并提出改进意见。 2. 教师对小组工作情况进行评估,并进行点评。	

 **故障案例**

案例　丰田皇冠气门烧蚀故障

【故障现象】

行驶里程超20万km，装配3GR-FE发动机和2005款丰田皇冠轿车。用户反映：该车在向4S店做保养的高速公路上还一切正常，而驶离高速公路后低速行驶或怠速时出现发动机抖动的情况。同时用户还反映此车烧机油比较厉害。

【故障分析】

第一步，对故障现象进行确认，怠速时发动机抖动比较明显，电脑检测时没有故障码，数据流也基本正常。

第二步，使用IT-Ⅱ进行发动机的动力平衡测试，发现2号汽缸工作不良，4号汽缸不工作，其他汽缸工作正常。由于是个别汽缸工作不良，所以可以判定主要影响因素在汽缸正常燃烧的"三要素"方面。首先，拆检火花塞，发现4缸的火花塞有汽油附着的现象，说明喷油器已经喷油但没有燃烧，对该火花塞吹干处理后装复，并且将点火线圈进行替换并对比测试，再次试车时故障依旧。其次，测量汽缸压力。在测量4缸的汽缸压力时发现存在异常，三个压缩循环的汽缸压力在400kPa左右，此数值远低于其他汽缸的1300kPa。向该汽缸内注入少许机油后再次测量，汽缸压力还是仅有400kPa。由此可以判断，造成汽缸压力的故障点应该在该缸的配气机构上，于是对该缸气门的驱动机构进行检查，发现一切正常。

当将汽缸盖拆下检查时，发现4号汽缸内部积碳特别多，且有一个排气门缺失一块，所以可以最终判定此处即为漏气点。由于发动机存在烧机油的故障，经检测后建议更换缸体和2号汽缸侧的缸盖，更换后故障排除。

【故障启示】

造成4缸一个气门烧蚀的直接原因就是积碳，由于之前发动机长时间烧机油，特别是4号汽缸内部逐渐形成较厚的坚硬的积碳附着在活塞的顶部和气门的头部，在发动机大负荷工作时燃烧室的温度极高，但由于积碳的热导率非常低（只有铸铁或钢的1/50），从而影响了气门的散热而产生形变。加之气门头部、杆部形成胶状沉积物，使气门的密封面腐蚀，导致气门漏气，从而发生气门烧蚀。

项目四　电控汽油喷射系统的拆装与检测

知识目标

1. 叙述发动机进气系统的组成和作用。
2. 叙述发动机燃油供给系统的组成和作用。
3. 叙述发动机排气系统的组成和作用。
4. 明确空气滤清器、节气门、燃油泵、喷油器等主要部件的作用和结构特点。

能力目标

1. 正确的使用工具和设备。
2. 能够与人沟通，团队协作。
3. 能够正确规范的拆装及清洁空气滤清器和节气门。
4. 能够正确规范的拆装及测试喷油器。

任务一　空气供给系统认知

任务目标

1. 能叙述发动机空气供给系统的组成和作用。
2. 能在实车上找到并识别发动机空气供给系统的所有传感器和元件。

一、空气供给系统的作用及组成

空气供给系统组成如图4-1所示。

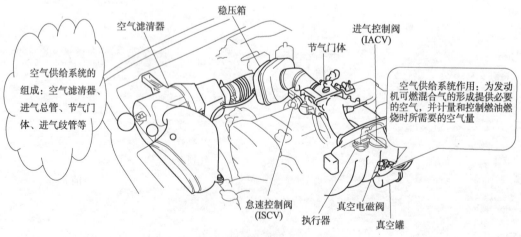

图4-1　空气供给系统组成示意图

空气供给系统工作流程如图4-2所示。

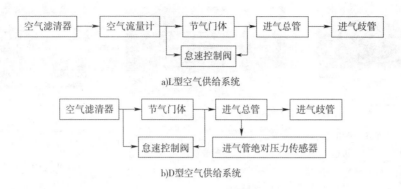

图4-2 空气供给系统工作流程

二、空气供给系统主要部件的构造

1. 空气滤清器

引导问题1

汽车上为什么要安装空气滤清器？它一般安装在哪里？

空气滤清器位置及内部结构分别如图4-3、图4-4所示。

图4-3 空气滤清器位置图　　　　图4-4 空气滤清器内部结构图

空气中含有尘土、沙粒等物质，如被吸入就会黏附在汽缸、活塞和气门座等零件的表面，会加速磨损，是发动机寿命下降。而空气中的水分一旦被吸入燃烧室，则会使混合器无法正常燃烧，从而影响发动机正常工作。

空气滤清器的作用就是滤除空气中的杂质或灰尘，让洁净的空气进入汽缸。另外空气滤清也有降低进气噪声的作用。空气滤清器一般安装在进气管中间，连接节气门。

引导问题2

空气滤清器的结构如何？车用发动机对空气滤清器有何要求？

空气滤清器一般由进气导流管、空气滤清器壳体、空气滤清器盖和空气滤清器芯构成，按照结构的不同一般分为油浴式、离心式和干式三种。

车用空气滤清器的使用要求是滤清效果好，进气阻力小，使用时间长，价格低廉。

各种空气滤清器性能对比，见表4-1。

各种空气滤清器性能对比　　　　　　　　　　　　　　　　表4-1

油浴式空气滤清器一般用在多尘条件下工作的发动机上,如越野车发动机,其滤芯清洗后可重复使用	离心式空气滤清器多用于大型载货汽车上。在许多自卸车或矿山用汽车上还使用离心式与纸滤芯式相结合的复合式空气滤清器	干式空气滤清器由纸质滤芯构成。纸质滤芯重量轻、结构简单、安装及保养容易、滤清效率高,但对油类污染十分敏感

引导问题3

空气滤清器的清洁和更换周期是多长?

汽车的空气滤清器相当于人的鼻子,是空气进入发动机要经过的第一道"关卡",在使用过程中,由于空气中会含有灰尘和沙粒,空气滤清器很容易发生堵塞,这时发动机就会出现不易起动、加速无力以及怠速不稳等症状。

空气滤清器的清洁或更换周期,因车型和行驶条件不同而不同。如果长期在环境恶劣道路上行驶,应适当缩短空气滤清器的清洁和更换周期。按照车辆的保养周期,一般环境空气质量较好时,按每5000km的保养周期定期清理空气滤清器就可以了,但周边环境空气质量较差时,建议提前至每3000km进行一次清洗,建议车辆行驶8000~10000km时更换一次空气滤清器。

2. 节气门体

引导问题4

节气门体的作用是什么?它一般安装在哪里?

引导问题5

节气门有几种类型?各自有什么特点?

节气门按其结构可分为机械式节气门和电子节气门两种,现在汽车上多配置电子节气门。

节气门体安装位置如图4-5所示。节气门体结构如图4-6所示。

图4-5　节气门体安装位置

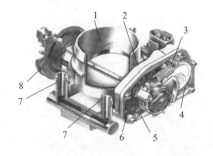

图4-6　节气门体结构

1-节气门;2-节气门定位电位计;3-应急运行弹簧;4-节气门定位器(电动机);5-节气门电位计;6-怠速开关;7-热水进出管口;8-节气门检索滑轮

节气门体是安装调节控制吸入发动机的空气的节气门部件。汽车在正常行驶时,空气

110

流量由节气门控制,而节气门则是驾驶员通过加速踏板操纵。

正常行驶时根据来自油门踏板的位置,获知驾驶员对发动机扭矩的需求,然后 ECU 据此换算成节气门的开度(即进气量的多少);再根据进气量配以最佳燃油效果的供油量,达到最佳的动力性、燃油经济性和排放性。

在怠速范围内由发动机控制单元通过怠速电机来调整节气门开度,稳定怠速。

机械式节气门(图 4-7)控制部件由节气门体、节气门电位计、怠速开关、节气门定位器、节气门定位电位计等组成,由加速踏板上的绳索控制节气门的开度,电控单元(ECU)通过节气门位置传感器获知驾驶员意图,根据进气量配比燃油供给量。

机械式节气门控制精度低,排放污染大,无法实现自动巡航、AT 控制、车身稳定 ESP 等功能,但成本较低。

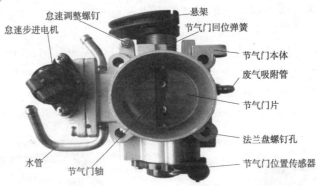

图 4-7 机械式节气门结构

电子节气门(图 4-8)由加速踏板、节气门体、驱动电机、节气门位置传感器等构成。加速踏板位置传感器获取油门信号,产生相应电压传给 ECU,ECU 根据当前的工作模式、踏板移动量和变化率分析驾驶员的意图,计算出发动机扭矩的基本量,再通过 CAN 总线和整车控制单元通信,获取其他的工作信息(如转速、挡位、空调能耗等信息),由此确定整车所需扭矩,对基本量进行修正,得到最佳节气门开度,将相应的电压信号传给驱动电机的电路模块,使制驱动电机动作(即节气门的开度),从而控制进气量。再由节气门位置传感器检测节气门开度,反馈给 ECU。电子节气门控制原理图如图 4-9 所示。

图 4-8 电子节气门结构

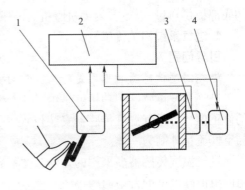

图 4-9 电子节气门控制原理图
1-加速踏板位置传感器;2-发动机控制单元;
3-节气门位置传感器;4-节气门电机

电子节气门的优点：

（1）防止驾驶员的误操作，能对喷油实现精确控制。

（2）具有牵引力控制 ASR、自动巡航 ACC、车身稳定 ESP 等控制，提高了整车的安全性和乘坐舒适性。

3. 进气导流管与进气歧管

引导问题 6

进气导流管及其进气歧管的作用是什么？

在现代轿车上，为了增强发动机的谐振（进气过程具有周期性）进气效果，空气滤清器进气导流管（图4-10）需要有较大的容积。但是导流管不能太粗，以保证空气在导流管内有一定的流速，因此进气导流管只能做得很长。较长的进气导流管有利于实现从车外吸气。因为车外空气温度一般比发动机罩下的温度低 30℃ 左右，所以从车外吸入的空气密度可增大近 10%，燃油消耗率可降低 3%。

进气歧管（图4-11）的作用是将空气或可燃混合气引入汽缸，并保证进气充分及各缸进气量均匀一致。进气歧管多用铝合金或铸铁制造，有些也采用复合塑料制作。有些轿车进气歧管前还设有稳压箱（也称共鸣腔、谐振腔），稳压箱的功用是消除进气压力脉动，保证各缸混合气分配均匀。

图4-10 进气导流管示意图　　　　图4-11 进气歧管示意图

在一些 V6 和 V8 发动机的歧管上有一根排气连通通道。排气连通通道可为节气门体的底部提供热量，以改善发动机暖机时的燃油雾化，废气的通过还能减少燃油结冰。

4. 进气系统相关传感器

引导问题 7

进气温度传感器的作用是什么？它的安装位置在哪？

进气温度传感器的功用就是给 ECU 提供进气温度信号，作为燃油喷射和点火正时控制的修正信号。进气温度传感器安装位置一般在空气滤清器上，有些车型将进气温度传感器与空气流量计制为一体。

进气温度传感器多采用的是负温度系数的热敏电阻式温度传感器（图4-12），即热敏电阻的阻值随温度的升高而减小。

进气温度传感器实物图如图4-13 所示。

引导问题 8

车上检测进气量的传感器有哪些？

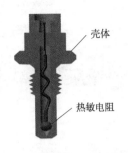

图4-12 进气温度传感器内部结构图　　图4-13 进气温度传感器实物图

车上检测进气量的传感器一般有两种，D型发动机上一般装用进气歧管绝对压力传感器，而L型发动机上一般专用空气流量计。空气流量计的内部结构如图4-14所示。

空气流量计的作用是测量发动机进气量，并将其转化为电信号送给电控单元，确定基本喷油量的主要依据之一。空气流量计一般安装在空气滤清器与节气门体之间，也有的安装在空气滤清器上，还有的将空气流量计与节气门体制作成一体安装在发动机上。空气流量计安装位置如图4-15所示。

图4-14 空气流量计内部结构　　图4-15 空气流量计安装位置

空气流量计常有的形式有热线式空气流量计和热膜式空气流量计。

引导问题9

进气歧管压力传感器的作用是什么？它的安装位置在哪？

进气歧管压力传感器（图4-16）所起的作用和空气流量计相似。它根据发动机的负荷状态测出进气歧管内绝对压力的变化，并转换成电压信号，与转速信号一起输送到电控单元ECU，作为燃油喷射和点火控制的主控信号。它的结构如图4-17所示。

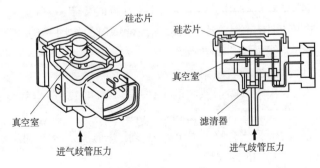

图4-16 进气歧管压力传感器实物图　　图4-17 进气歧管压力传感器结构

113

进气歧管压力传感器的安装位置较灵活，位于节气门体的后方，有的车型通过真空软管与进气总管连接；有的车型则将进气歧管绝对压力传感器直接安装在进气总管上。

进气歧管压力传感器按工作原理可分为压阻效应式、电容式和电感式三种。压阻效应式传感器具有灵敏度高、尺寸小、成本低、动态响应和抗振性好的优点，从而得到了广泛应用。

引导问题 10

节气门位置传感器的作用是什么？它的安装位置在哪？

节气门位置传感器（图 4-18）的作用是检测节气门的开度及开度变化，此信号输入电控单元 ECU，控制燃油喷射及其他辅助控制（如废气再循环控制、开闭环控制等）。节气门位置传感器一般安装在节气门体上（图 4-19）。

图 4-18　节气门位置传感器实体图　　　　图 4-19　节气门位置传感器安装位置图

节气门位置传感器常见的形式有触点式、电位计式和综合式三种。

知识拓展

1. 可变进气系统

在一些汽油机电控燃油喷射系统中采用了可变进气系统，它通过调整进气系统通道长短来提高进气效率。

发动机转速高于 4000r/min 时，电控单元 ECU 不对电磁阀通电，电磁阀将膜片室与大气接通，拉杆在弹簧的作用下伸出，阀门将上通道关闭，空气通过下通道经较长的轨迹进入汽缸，管内进气流具有较大的惯性，起到惯性增压的作用，可获得较大的扭矩。可变进气系统（高转速）进气路线如图 4-20 所示。

发动机转速低于 4000r/min 时，ECU 不对电磁阀通电，电磁阀将膜片室与大气接通，拉杆在弹簧的作用下伸出，阀门将上通道关闭，空气通过下通道经较长的轨迹进入汽缸，管内进气流具有较大的惯性，起到惯性增压的作用，可获得较大的扭矩，可变进气系统（低转速）进气路线如图 4-21 所示。

2. 二次空气喷射系统

二次空气喷射系统的工作原理（图 4-22）是空气泵将新鲜空气送入发动机排气管内，从而使排气的碳氢化合物和 CO 进一步氧化和燃烧，即把导入的空气中的氧在排气管内与排气中的碳氢化合物和 CO 进一步化合形成水蒸气和二氧化碳，从而降低了排气中的碳氢化合物和 CO 的排放量。

图4-20 可变进气系统(高转速)进气路线

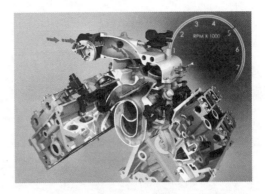
图4-21 可变进气系统(低转速)进气路线

发动机冷起动阶段未燃烧的碳氢化合物及一氧化碳等有害物质排放相对较高,并且此时,三元催化反应器尚未达到工作温度(300℃以上)。所以在轿车排放标准达到欧3或欧4要求时,必须装备机外净化装置——二次空气喷射系统,以降低发动机冷起动阶段有害物质的排放。再次燃烧的热量使三元催化反应器很快达到所需的工作温度。

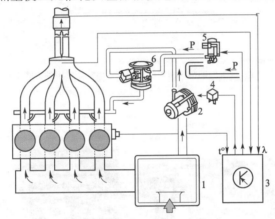

图4-22 二次空气喷射控制原理图
1-空气滤清器;2-二次空气泵;3-发动机控制单元;4-二次空气继电器;5-二次空气控制阀;6-二次空气机械阀

任务二 空气滤清器的清洁及节气门的清洗

1. 能正确的使用工具和设备。
2. 能与同学协作,规范地清洁和更换空气滤清器。
3. 能对节气门进行清洗。

任务名称	空气滤清器滤芯的清洁及节气门的清洗	组长姓名	
实训日期		任务成绩	
情境预设	一辆2008年产威驰1ZZ发动机,行驶10000km,车主反映该车急速抖动,行驶中连续踩踏加速踏板时发动机响声发闷、加速反应迟缓、运转无力、水温升高、尾气呈灰黑色。		

续上表

一、资讯

1. 发动机空气滤清器脏污后对发动机的性能有啥影响?怎样判断空气滤清器滤芯脏污或者堵塞?
答:

2. 机械式节气门脏污后应如何清洗?电子节气门清洗后如何进行初始化操作?
答:

二、决策与计划

请根据故障现象和任务要求,确定所需要的检测仪器、工具,并对小组成员进行合理分工,制订详细的诊断和修复计划。

1. 空气滤清器滤芯的清洁与更换、节气门的清洗需要注意哪些事项?需要用到哪些工具?
答:

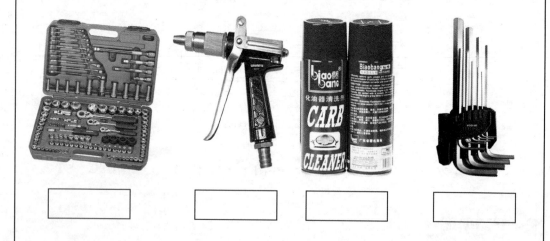

2. 小组成员分工

3. 诊断和修复计划

续上表

三、实施执行	
1. 空气滤清器滤芯的清洁与更换	
空气滤清器的清洁与更换如图4-23~图4-25所示。 (1)本次需要拆洗的部件： 深色框内为空气滤清器； 白色框内为节气门。	 图4-23 拆洗部件确认
(2)用套筒扳手松开白点标记的螺丝,并将白色框标记的铁箍取下,取出空气滤清器滤芯。	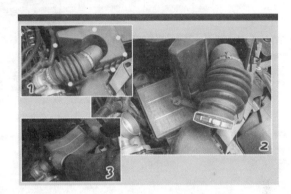 图4-24 拆卸空气滤清器滤芯
(3)用高压清洗枪沿进气反方向清洁空气滤清器滤清,清洁后安装回原位。 备注:当发现纸滤芯变成了灰黑色,就表明其已经堵塞,不能再用了,需直接更换。	 图4-25 清洁空气滤清器滤芯

2.节气门的清洗	
节气门的清洗如图4-26~图4-29所示。 (1)松开固定节气门的四颗螺丝,拆螺丝时注意要按对角先松一点点,再依次将螺丝取出。	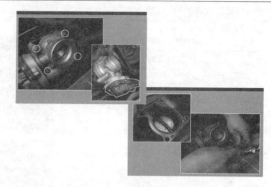 图4-26 拆卸节气门体
(2)节气门的主要清洁部位为节气门边缘和阀体进气道里边有弧度的那一小部分。	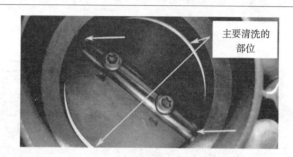 图4-27 节气门体主要清洗部位确认
(3)将化油器清洗剂喷洒在需要清洗的节气门附近,清洗节气门。	 图4-28 清洗节气门体
(4)节气门清洗完成后,安装节气门。 备注:清洗电子式节气门后必须进行初始化操作,这是因为清洗节气门后,急速时节气门的开度过大,应恢复到初始状态(威驰车初始化操作为断开蓄电池负极桩子,并拔下EFI保险,等候30s即可)。	  图4-29 清洗前后对比

续上表

四、检查评估
1. 请根据自己任务完成的情况,对自己的工作进行自我评估,并提出改进意见。 2. 教师对小组工作情况进行评估,并进行点评。

任务三　燃油供给系统认知

任务目标

1. 能叙述发动机燃油供给系统的组成和作用。
2. 能在实车上找到燃油供给系各部件安装位置。

一、燃油供给系统的作用及组成

燃油供给系统的组成如图 4-30 所示。

图 4-30　燃油供给系统的组成示意图

燃油供给系统工作流程,见图 4-31。

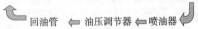

图 4-31　燃油供给系统工作流程

二、汽油

引导问题 1

加油站里 90 号、93 号、97 号汽油分别代表什么呢？为什么汽油牌号越大价格就越高呢？

汽油是一种从石油中提炼得到的密度小、易于挥发的液体燃料，是汽油机的主要燃料。汽油使用性能的好坏对发动机的动力性、经济性、可靠性和使用寿命都有很大的影响。它的主要性能指标有蒸发性、抗爆性、燃烧热值等。

我国车用无铅汽油的牌号（图4-32）有92号、95号、98号等，辛烷值越高，牌号就越高，抗爆能力也越强（图4-33）。一般来说，压缩比越高，相应选择的汽油牌号就越高。

图4-32 汽油牌号示意图

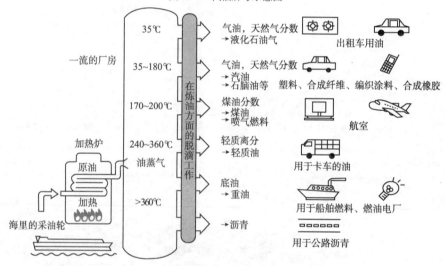

图4-33 原油加工示意图

选择给汽车加油，并不是标号越高越好，应该根据发动机的压缩比或遵循汽车使用说明书上建议添加汽油。

三、可燃混合气成分表示

引导问题2

发动机中供给纯汽油，汽车可以正常启动吗？车上混合气的油气比例是不是在任何工况下都是一样的呢？

过量空气系数 α：燃烧1kg燃料实际供给的空气质量与理论上完全燃烧所需的空气质量之比。

α = 实际/理论

$\alpha = 1$，标准混合气；

$\alpha > 1$，实际空气 > 理论空气，稀混合气；

$\alpha < 1$，实际空气 < 理论空气，浓混合气。

空燃比 A/F：可燃混合气中空气质量与燃油质量之比。

A/F = 空气质量/燃油质量

$A/F = 14.7$,称为理论空燃比或化学计量空燃比,此混合气为理论混合气;

$A/F < 14.7$,浓混合气;

$A/F > 14.7$,稀混合气。

发动机正常工作时,所用的可燃混合气 α 值,应该在获得最大功率和获得最低燃油消耗率之间,一般在节气门全开条件下,$\alpha = 0.85 \sim 0.95$ 时,发动机可得到较大的功率,当 $\alpha = 1.05 \sim 1.15$ 时,发动机可得到较好的燃料经济性。所以当 ϕ_a 在 $0.85 \sim 1.15$ 范围内,动力性和经济性都比较好,即 P_e 较大,g_e 较小(图4-34)。

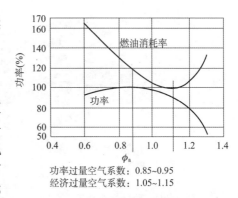

图4-34 过量空气系数对发动机功率和燃油消耗率的影响

一般发动机在怠速、小负荷和大负荷工作时,供给的是较浓的混合气(工况不同,混合气浓度不同),在中等负荷时供给的是经济混合气,全负荷工作时供给的是功率混合气。

四、燃油供给系统主要部件的构造

1. 燃油箱

引导问题3

车上的燃油箱一般都在什么位置?不同的车型,燃油箱的大小一样吗?

燃油箱的作用是储存汽油。其油箱储备里程一般为 $300 \sim 600 km$,所以根据配置的发动机排量不同车上的油箱大小也不同。燃油箱多为薄钢板冲压焊制,内部镀锌或镀锡,也有的是用塑料做的。一般普通汽车有一个油箱,越野军用车有两个油箱。

燃油箱结构及实物图分别如图4-35、图4-36所示。

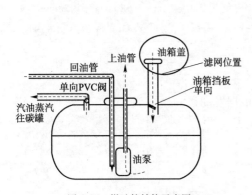

图4-35 燃油箱结构示意图

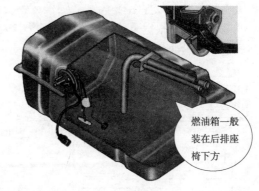

图4-36 燃油箱实物图

现在的油箱盖都是双阀式油箱盖(图4-37),空气阀弹簧较蒸汽阀弹簧软,当邮箱内燃油减少,压力下降到预定值(约98kPa)时大气推开空气阀进入油箱内;当油箱内油蒸汽压力增大到120kPa时,蒸汽阀打开,保持油箱内压力正常。

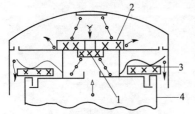

图4-37 双阀式油箱盖结构图

1-空气阀;2-蒸气阀;3-密封垫和弹片;4-管口

2. 电动燃油泵

引导问题4

油箱里的燃油是如何输送到发动机的呢?

燃油泵外形结构如图4-38所示。

图4-38 燃油泵外形结构

(1)燃油泵的作用:将燃油从油箱中吸出,供给各喷油器高于进气歧管压力250~300kPa的燃油,为防止发动机供油不足及油路气阻,最高压力可达450~600kPa。

电动燃油泵都是由直流电动机、油泵、限压阀、单向阀和外壳等组成,所不同的只是所采用的油泵的形式各异。当点火开关打开时,直流电动机的电路接通,电枢受到电磁力的作用转动,带动油泵一起转动,将汽油从汽油箱中吸出经进油口进入汽油泵,当汽油泵内油压超过单向阀的弹簧压力时,汽油经出油口泵入燃油分配管,再分配到各个喷油器。

当油泵内的油压超过规定值时(一般为320kPa),油压将克服限压阀弹簧的弹力,使限压阀打开,部分汽油经限压阀返回到进油口一侧,使泵内压力不致过高而损坏油泵。

(2)电动燃油泵的分类:

①电动燃油泵按照安装位置不同分为:内置式和外置式(图4-39)。

内置式:安装在油箱中,具有噪声小、不易产生气阻、不易泄漏、管路安装较简单等优点。

外置式:串接在油箱外部的输油管路中,优点是容易布置、安装自由度大,但噪声大,易产生气阻。

②电动汽油泵按照结构不同分为:波纹管式和叶轮叶片式。后者在目前汽车上应用最多。叶片式电动燃油泵根据泵体结构不同可分为滚柱式(图4-40)、齿轮式和涡轮式(图4-41)等。滚柱式是电动燃油泵中最常用的结构形式。

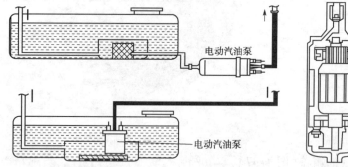
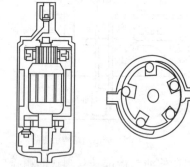

图4-39 内置式、外置式燃油泵示意图 　　图4-40 滚柱式电动燃油泵

3.燃油滤清器和燃油分配管
引导问题5

汽车上燃油滤清器和燃油分配管一般装在哪里?各自的作用是什么?

燃油滤清器、燃油分配管实物图分别见图4-42、图4-43。

燃油滤清器的功用:滤除燃油中的氧化铁、粉尘等固体夹杂物,防止燃料系统堵塞,减小系统的机械磨损,确保发动机稳定运转,提高工作可靠性。

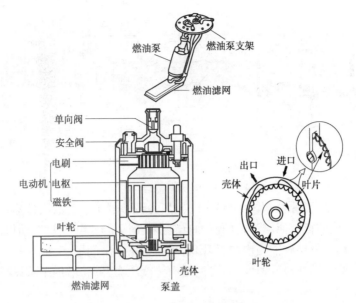

图 4-41 涡轮式电动燃油泵

图 4-42 燃油滤清器实物图

图 4-43 燃油分配管实物图

燃油滤清器的滤芯有：纸质滤芯、金属片缝隙式滤芯、多孔陶瓷式滤芯。纸质滤芯由于其滤清效果好，成本低，制造和使用方便，采用最多。

当燃油滤清器滤芯阻塞时，将使油压下降、起动困难、发动机功率降低，故应按规定更换滤清器，它的更换周期一般在 10000km 左右。

燃油分配管的功用：将燃油均匀、等压地分配给各个喷油器，此外还有储油、蓄压及防止燃油压力波动的作用。

4. 燃油压力调节器和燃油脉动阻尼器

引导问题 6

车上燃油压力调节器安装位置一般在哪里？它的作用是什么？

燃油压力调节器通常安装在燃油分配管末端或者油箱内，金属外壳的内部被膜片分隔为弹簧室和燃油室，其中弹簧室通过一条软管与发动机进气歧管相通，燃油室与燃油分配管相通。因此，膜片下燃油室一侧承受燃油管油压，而另一侧则承受进气歧管负压和弹簧弹力的合力作用（图 4-44）。

燃油压力调节器的作用：保证喷油器喷油压力与进气管压力之差为恒定值。这样喷油器的喷油量就只与喷油时间有关，ECU 通过控制喷油时间来控制喷油量。

根据燃油压力调节器安装位置的不同，燃油供给系统分为有回油管路系统和无回油管路系统。

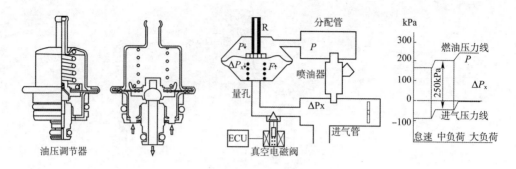

图 4-44 燃油压力调节器结构示意图

(1)有回油燃油供给系统(图 4-45)中燃油压力调节器工作时的回油通过回油管流回到油箱,这种供油方式使得流回燃油箱的汽油有较多的时间与空间吸收发动机的热量,其温度较高,流入燃油箱后,将导致油箱内油温升高,因而带来如下问题:

①加速了油箱内燃油蒸发速度,使得油箱内蒸汽压力升高,增加了蒸发排放控制系统的工作负荷。

②热机起动时,由于泵入供油管路的汽油温度较高,部分汽油汽化而使喷油量减少,从而导致发动机的热起动性能较差。

此外,有回油管燃油供给系统由于回油经供油管路、燃油分配管后再经回油管路流回燃油箱,燃油运行损耗功率较大。

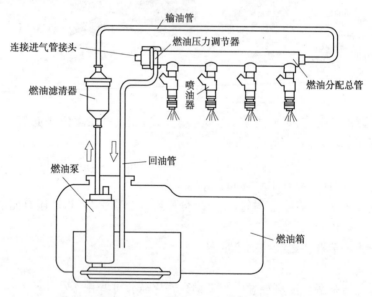

图 4-45 有回油燃油供给系统

(2)无回油燃油供给系统(图 4-46)是将燃油泵、燃油滤清器及燃油调节器等均内置于燃油箱中,燃油压力调节器工作时的回油在油箱内完成回流,从燃油箱到燃油分配管只有一根供油管,燃油箱只有泵出的燃油而没有回流的燃油。

无回油燃油供给系统燃油箱由于没有回流的燃油,因而避免了高温回油导致油箱温度升高的问题,从根本上解决了有回油燃油供给系统的弊端。此外,无回油燃油供给系统减少了油箱外的连接件,降低了燃油的渗漏损失并便于安装。

无回油燃油供给系统是将燃油泵、燃油滤清器及燃油调节器等均内置于燃油箱中,燃油压力调节器工作时的回油在油箱内完成回流,从燃油箱到燃油分配管只有一根供油管,燃油箱只有泵出的燃油而没有回流的燃油。

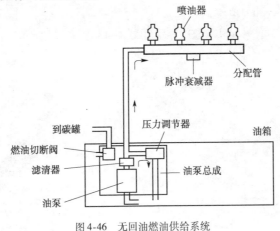

图 4-46　无回油燃油供给系统

引导问题 7

车上的燃油脉动阻尼器的作用是什么?

燃油脉动阻尼器功用:减小在喷油器喷油时,油路中的油压可能会产生微小的波动,使系统压力保持稳定。

燃油脉动阻尼器组成:由膜片、回位弹簧、阀片和外壳组成(图 4-47)。

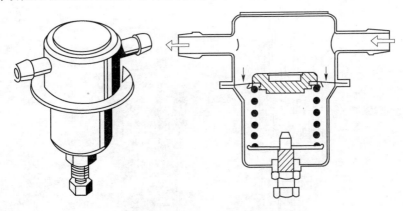

图 4-47　燃油脉动阻尼器结构示意图

燃油脉动阻尼器工作原理:发动机工作时,燃油经过脉动阻尼器膜片下方进入输油管,当燃油压力产生脉动时,膜片弹簧被压缩或伸张,膜片下方的容积稍有增大或减小,从而起到稳定燃油系统压力的作用。脉动阻尼器可安装在回油道或者是电动汽油泵上。

5. 电磁喷油器

引导问题 8

燃油分配管中的油是如何进入汽缸的呢?

电磁喷油器是电控燃油喷射系统中一个重要的执行元件,它的功用是按照电控单元的指令将一定数量的汽油适时地喷入进气道或进气管内,并与其中的空气混合形成可燃混合气。

电控单元以电脉冲的形式向电磁喷油器输出控制电流。当电脉冲从零升起时,喷油器因通电而开启;电脉冲回落到零时,喷油器又因断电而关闭。电脉冲从升起到回落所持续的时间称为脉冲宽度。若电控单元输出的脉冲宽度短,则喷油持续时间短,喷油量少;若电控单元输出的脉冲宽度长,则喷油持续时间长,喷油量多。一般喷油器针阀升程约为0.1mm,而喷油持续时间在2~10ms范围内。

电磁喷油器内部解剖图和实物图,分别如图4-48、图4-49所示。

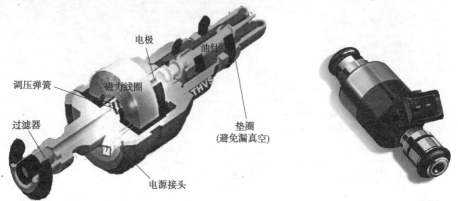

图4-48　电磁喷油器内部解剖图　　　　　图4-49　电磁喷油器实物图

电磁喷油器有多种分类方法:

(1)按总体结构不同可分为:轴针式(图4-50)、球阀式(图4-51)和片阀式(图4-52),目前常用的是轴针式喷油器。

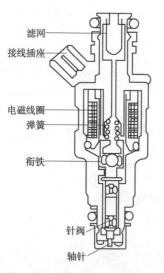
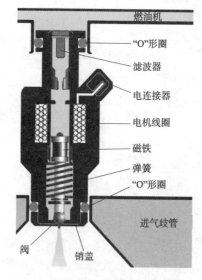

图4-50　轴针式喷油器　　　　　图4-51　球阀式喷油器

(2)按照喷油器电磁线圈的电阻值不同,分为高阻(12~16Ω)喷油器和低阻(3~6Ω)喷油器,国内电控燃油喷射系统采用高阻喷油器。

(3)按喷油器的控制方式不同,分为电压驱动式和电流驱动式。

电磁喷油器的工作原理为:喷油器内部的电磁线圈经线束与电脑连接,喷油器头部的针阀与衔铁连接为一体。它的一端为进油口,与燃油分配管连接;另一端为喷油口,插入进气歧管中,两端分别用O形密封圈密封。

当电控单元ECU发出指令使电磁线圈通电时,便产生吸力,将衔铁和针阀吸起,打开喷孔,燃油经针阀头部的轴针与喷孔之间的环形间隙高速喷出,并被粉碎成雾状。电磁线圈不通电时,磁力消失,弹簧将衔铁和针阀下压,关闭喷孔,停止喷油。

电磁喷油器工作示意图如图4-53所示。

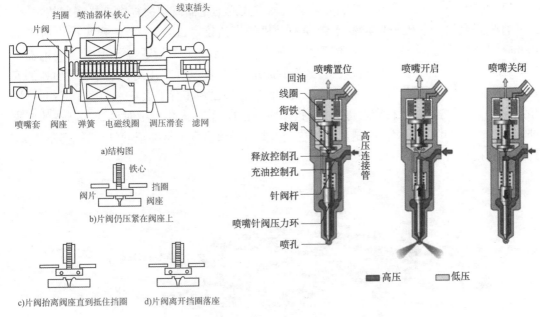

图4-52 片阀式喷油器

图4-53 电磁喷油器工作示意图

 知识拓展

缸内直喷技术

缸内直喷技术(图4-54)又称FSI(Fuel Stratified Injection)技术,即燃料分层喷射技术,代表着传统汽油引擎的一个发展方向。传统的汽油发动机是通过ECU采集凸轮位置以及发动机各相关工况从而控制喷油嘴将汽油喷入进气歧管。但由于喷油嘴离燃烧室有一定的距离,汽油同空气的混合情况受进气气流和气门开关的影响较大,并且微小的油颗粒会吸附在管道壁上,所以希望喷油嘴能够直接将燃油喷入汽缸。

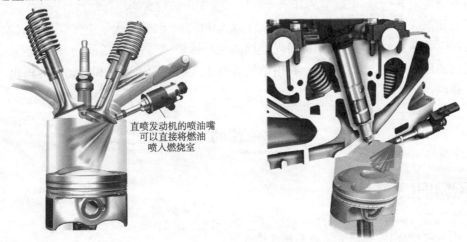

图4-54 缸内直喷技术

缸内直喷技术,是指将喷油嘴设置在进排气门之间,高压燃油直接注入燃烧室平顺高效

127

地燃烧,缸内直喷所主张的是通过均匀燃烧和分层燃烧实现了高负荷,尤其是低负荷下的燃油消耗降低,动力还有提升的一种技术。

这一技术是用来改善传统汽油发动机供油方式的不足而研制的缸内直接喷射技术,先进的直喷式汽油发动机采用类似于柴油发动机的供油技术,通过一个活塞泵提供所需的100bar以上的压力,将汽油提供给位于汽缸内的电磁喷射器。然后通过ECU控制喷射器将燃料在最恰当的时间直接注入燃烧室,其控制的精确度接近毫秒,其关键是考虑喷射器的安装,必须在汽缸上部留给其一定的空间。由于汽缸顶部已经布置了火花塞和多个气门,已经相当紧凑,所以将其布置在靠近进气门侧。由于喷射器的加入导致了对设计和制造的要求都相当的高,如果布置不合理、制造精度达不到要求导致刚度不足甚至漏气,只能得不偿失。缸内直喷技术组成如图4-55所示。

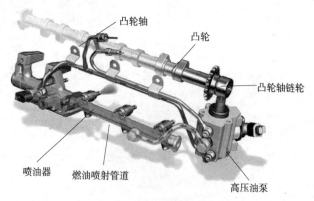

图4-55 缸内直喷系统构造图

此外,FSI技术采用了两种不同的注油模式,即分层注油和均匀注油模式。

发动机低速或中速运转时采用分层注油模式。此时节气门为半开状态,空气由进气管进入汽缸撞在活塞顶部,由于活塞顶部制作成特殊的形状从而在火花塞附近形成期望中的涡流。当压缩过程接近尾声时,少量的燃油由喷射器喷出,形成可燃气体。这种分层注油方式可充分提高发动机的经济性,因为在转速较低、负荷较小时,除了火花塞周围需要形成浓度较高的油气混合物外,燃烧室的其他地方只需空气含量较高的混合气即可,而FSI技术使其与理想状态非常接近。当节气门完全开启,发动机高速运转时,大量空气高速进入汽缸形成较强涡流并与汽油均匀混合。从而促进燃油充分燃烧,提高发动机的动力输出。始终保持最适宜的供油方式。燃油的充分利用不仅提高了燃油的利用效率和发动机的输出,而且改善了排放。

任务四 喷油器的检查与更换

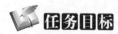

1. 能正确的使用工具和设备。
2. 能与同学协作,规范地使用和操作喷油器清洗机。
3. 能够在检测前独立完成泄压任务。
4. 能够检测喷油器的好坏,并判断喷油器类型。

任务名称	喷油器的检查与更换	组长姓名	
实训日期		任务成绩	
情境预设	有一辆行驶150000km的丰田卡罗拉轿车,在过坑洼路面时抖动严重,加速迟缓、无力。驾驶员发现发动机故障灯闪亮。		

一、资讯

1.汽车喷油器出现故障后对发动机的性能有何影响?喷油器有哪些类型?
答:

2.喷油器清洗机能够完成哪些工作?操作该机器时需注意什么?
答:

二、决策与计划

请根据故障现象和任务要求,确定所需要的检测仪器、工具,并对小组成员进行合理分工,制订详细的诊断和修复计划。

1.拆卸喷油器前为什么要进行泄压工作?喷油器的检查与更换工作需要使用哪些工具?
答:

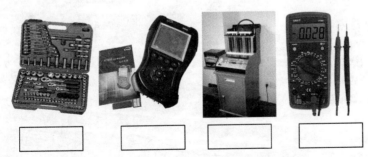

2.小组成员分工

3.诊断和修复计划	
三、实施执行	
解码仪读取故障码如图4-56所示。 连接 KT600 解码仪,读取故障码,故障显示为喷油器故障。	1.读取故障码 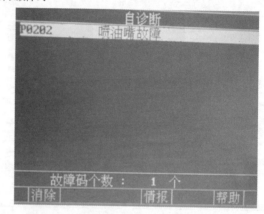 图4-56 解码仪读取故障码
系统泄压操作如图4-57所示。 由于燃油管路中存在保持油压,所以在拆卸喷油器前需对系统泄压(启动车辆,根据电路找到油泵继电器位置并拔下,至车辆自动熄火,泄压完成)。	2.系统泄压 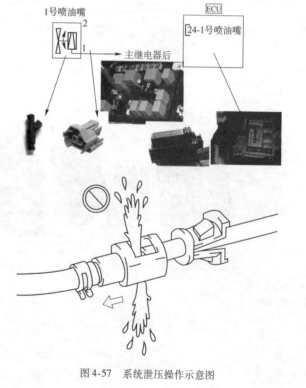 图4-57 系统泄压操作示意图

续上表

拆卸燃油分配管如图4-58所示。 (1)断开四个喷油器总成连接器; (2)拆卸线束支架; (3)拆卸燃油分配管总成。	3.拆卸燃油分配管总成 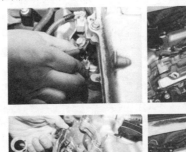 图4-58 拆卸燃油分配管
拆卸并检测喷油器如图4-59所示。 (1)从燃油管总成中拉出4个喷油器总成; (2)在喷油器上贴上标签; (3)拆下四个喷油器隔震垫; (4)检测各喷油器阻值,判断喷油器类型(高阻或低阻)。	4.拆卸喷油器总成并检测喷油器是否损坏  图4-59 拆卸并检测喷油器
清洗喷油器如图4-60所示。 (1)将喷油器放入汽油或清洗油中,仔细清除外部油污后用软布擦拭干净。检查喷油嘴上的橡胶圈是否损坏,如有损坏,应及时更换。 (2)在超声波清洗槽倒入专用喷油器测试剂两瓶,约1850mL。 (3)在超声波清洗槽内放入清洗支架,在机架上放好喷油器,清洗剂要浸过支架表面。 (4)连接电源,设置清洗时间,按下超声波键进行清洗。	5.喷油器的清洗  图4-60 清洗喷油器

喷油器测试如图 4-61 所示。

(1) 在测试仪上装上喷油器。

(2) 将驱动线插头依次插入喷油器插孔中, 驱动线插头依次插入喷油器插孔中。

(3) 调整油压(0.25~0.30MPa), 调整转速(转速为 850r/min), 调整喷油脉宽(喷油脉宽为 2.5ms)。

(4) 按选择键至全开喷射测试:

按选择键依次选择急速测试、中速测试、高速测试, 压力仍保持在 0.25~0.30MPa。当液面达到量筒的 2/3 时按下停止键或暂停键, 观测在不同工况下各喷油器的流量均衡性。一辆汽车上的所有喷油器的喷油量偏差不应超过 2%。丰田卡罗拉喷油量 15s(2 次或 3 次)60~73cm^3, 各喷油间的差别 13cm^3 或更少。

(5) 喷油器安装位置不动, 按选择键选择检漏测试项, 按下工作键, 同时将压力调至 0.3MPa, 观测各喷油器密封性。每分钟滴漏不超过两滴视为合格。丰田卡罗拉每 12min1 滴或更少。

(6) 测试完成后, 拆下喷油器, 并按顺序将喷油器和各部件安装回原位。

6. 喷油器测试(图 4-61)

图 4-61 测试喷油器

四、检查评估

1. 请根据自己任务完成的情况, 对自己的工作进行自我评估, 并提出改进意见。

2. 教师对小组工作情况进行评估, 并进行点评。

任务五 汽车排气系统认知

 任务目标

1. 能叙述发动机排气系统的组成和作用。
2. 能在实车上找到排气系统各部件安装位置。

一、汽车排气系统的组成及作用

汽车排气系统的组成及作用如图 4-62 所示。

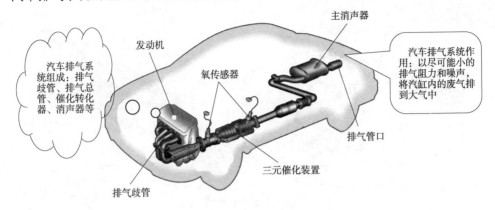

图 4-62　汽车排气系统组成及作用

汽车排气系统工作流程,如图 4-63 所示。

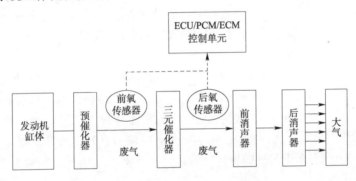

图 4-63　汽车排气系统工作流程

二、排气系统分类

引导问题 1

为什么有些车上有多个排气口,有些车上只有一个排气口呢?

排气系统可分为单排气系统和双排气系统,一般车上都采用的是单排气系统。

V 型发动机有两个排气歧管,大多数 V 型发动机也采用单排气系统,即通过一个叉型管将两个排气歧管连接到一个排气管上。

但有些 V 型发动机采用两个单排气系统,即每个排气歧管各自都连接一个排气管、催化转换器、消声器和排气尾管,这种布置形式称为双排气系统。

双排气系统降低了排气阻力,提高了发动机功率和输出转矩。

单、双排气系统示意图如图 4-64 所示。

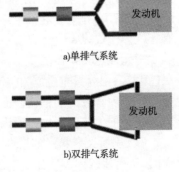

图 4-64　单、双排气系统示意图

三、汽车排气系统主要部件构造

1. 排气歧管和排气总管(图4-65)

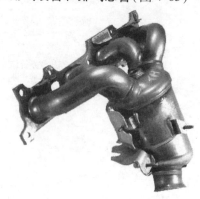

图4-65 排气总管和排气歧管示意图

引导问题2

汽车上排气歧管装在哪里？检查排气管时可以直接用手触摸排气管吗？

从汽缸盖上各缸的排气孔到各缸独立管的汇集处的管道总成称为排气歧管。一般的排气歧管由铸铁或球墨铸铁制造，近年来，采用不锈钢制作的排气歧管的汽车越来越多，原因是其内壁光滑，阻力小，重量轻。

为了不使各缸排气相互干扰及不出现排气倒流现象，并尽可能地利用惯性排气，排气歧管做得比较长，而且各缸歧管相互独立，长度相等。四缸发动机的排气歧管布置为1、4缸排气歧管汇合在一起，2、3缸机排气歧管汇合在一起，将不连续点火的汽缸的排气歧管汇合在一起可使各缸排气不出现干扰，防止出现排气倒流现象。直列六缸发动机点火次序是1-5-3-6-2-4，因此，一般将1、2、3三缸的排气歧管以及4、5、6三缸的排气歧管各自汇合在一起，可完全排除排气干扰现象。

2. 三元催化转化器

引导问题3

三元催化转化器的作用是什么？它一般安装在哪里？

三元催化转化器是安装在汽车排气系统中最重要的机外净化装置，它可将汽车尾气排出的CO、HC和NOx等有害气体通过氧化和还原作用转变为无害的二氧化碳、水和氮气。当高温的汽车尾气通过净化装置时，三元催化器中的净化剂将增强CO、HC和NOx三种气体的活性，促使其进行一定的氧化—还原化学反应，其中CO在高温下氧化成为无毒的二氧化碳气体；HC化合物在高温下氧化成水(H_2O)和二氧化碳；NOx还原成氮气和氧气。三种有害气体变成无害气体，使汽车尾气得以净化。三元催化转化器结构如图4-66所示。

三元催化转化器的基本材料为多孔陶瓷(MgO_2、Al_2O_3、SiO_2)，目的是提供承载催化剂涂层(铂、铑、钯等贵重金属)的惰性物理结构，它本身并不参加催化反应(图4-67)。为了在较小的体积内有较大的催化表面，载体表面制成为蜂窝状。

三元催化转化器失效原因分析：

(1)积垢：燃料燃烧时，会产生一些积炭。这些积炭会沉积在三元催化器的载体孔道的表面，从而使载体表面涂层上的催化剂部分失去催化作用。积炭太多时，会使三元催化器完全失效，甚至堵塞整个排烟道，造成发动机排气背压升高，使发动机工作性能严重下降。

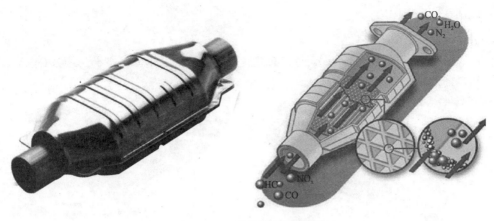

图 4-66 三元催化转化器结构图

(2) 热损伤：三元催化器的正常工作温度为 350～700℃，过热会引起贵金属表面积下降和催化剂的热失活。当三元催化器的工作温度超过 1000℃ 时，会造成贵金属表面脱落，甚至损坏催化器的载体，导致热损伤。造成热损伤的原因，通常是发动机点火系统不良造成发动机持续失火，大量燃料在催化器中燃烧所致。

(3) 中毒：三元催化器的中毒，主要由燃料中的硫和铅以及润滑油中的锌和磷造成的，这些物质会导致催化剂活性降低甚至失活。

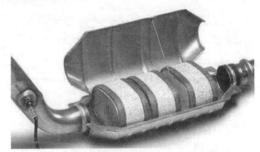

图 4-67 三元催化转化器内部基本材料

三元催化转化器失效的具体形式如图 4-68 所示。

a)

b)

c)

图 4-68 三元催化转化器失效

三元催化器的合理使用与养护：
(1) 发动机排气系统不能漏烟，否则会造成氧传感器数据传输失准。
(2) 经常检查催化器安装是否牢靠，防止因为震动使载体破碎。
(3) 禁止使用含铅汽油。
(4) 定期清洗三元催化器。一般来讲，汽车行驶 3 万公里就应该清洗一次三元催化器，可采用专用清洗剂、酒精或者草酸进行清洗。清洗后可有效清除积碳以及硫、铅、锌、磷等有害物质，消除尾气超标、动力不足、排气背压高等现象，恢复三元催化器活性。

3. 排气消声器

引导问题 4

高温的气体不断改变流动方向会消耗能量吗？能量一旦消减造成的影响是什么？

消声器的结构如图 4-69 所示。

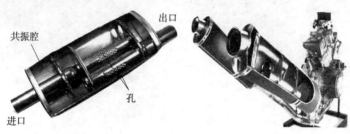

图 4-69　消声器结构图

排气消声器的功用是通过逐渐降低排气压力和衰减排气压力的脉动来消除排气噪声。消声器一般由镀铝钢板或不锈钢板制作，通常由共振室、膨胀室、一组多孔的管子和耐热的吸声材料等构成。

排气消声器有吸收、反射两种基本的消声方式。吸收式消声器是通过废气在玻璃纤维、钢纤维和石棉等吸音材料上的摩擦而减少其能量；反射式消声器使排气经过多孔的管子流入膨胀室，在此过程中排气不断改变流动方向，逐渐降低和衰减其压力和压力脉动，消耗其能量，最终使排气噪声得到消减。现在车上多采用反射式消声器。

 知识拓展

1. 增压发动机

现在很多发动机都带有增压技术，所谓增压就是将空气预先压缩然后再供入汽缸，以提高空气密度、增加进气量的一项技术。由于进气量增加，可相应地增加循环供油量，从而可以增加发动机功率。

常见的增压系统有机械增压系统、汽波增压系统、废气涡轮增压系统和复合系统，现在汽车上最常见的增压系统为废气涡轮增压系统（图 4-70）。

机械增压器压缩机的驱动力来自发动机曲轴。一般都是利用皮带连接曲轴皮带轮，以曲轴运转的扭力带动增压器，达到增压目的。根据构造不同，机械增压曾经出现过许多种类型，包括：叶片式（Vane）、鲁兹（Roots）、温克尔（Wankel）等型式。不过，现在较为常见的为前两种。机械增压器的结构如图 4-71 所示。

 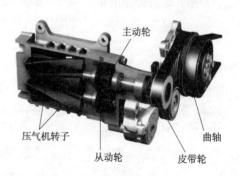

图 4-70　废气涡轮增压　　　　　　图 4-71　叶片式机械增压器结构

鲁兹增压器有双叶、三叶转子两种形式,目前以双叶转子较普遍,其构造是在椭圆形的壳体中装两个茧形的转子,转子之间保有极小的间隙而不直接接触。两转子借助于螺旋齿轮连动,其中一个转子的转轴与驱动的皮带轮连接,转子转轴的皮带轮上装有电磁离合器,在不需要增压时即放开离合器以停止增压。离合器的开合则由计算机控制,以达到省油的目的。

机械增压与涡轮增压在动力输出上有着明显的区别,前者有接近自然进气的线性输出,而后者则因为有涡轮迟滞的现象,出力相对多一点突兀,没那么线性。

因为机械增压的工作原理,使其在低转速下便可获得增压。增压的动力输出也与曲轴转速成一定的比例,即机械增压引擎的动力输出随着转速的提高,也随之增强。因此机械增压引擎的出力表现与自然气极为相似,却能拥有较大的功率与扭力。

最早的涡轮增压器用于跑车或方程式赛车上的。发动机是靠燃料在汽缸内燃烧做功来产生功率的,由于输入的燃料量受到吸入汽缸内空气量的限制,因此发动机所产生的功率也会受到限制,如果发动机的运行性能已处于最佳状态,再增加输出功率只能通过压缩更多的空气进入汽缸来增加燃料量,从而提高发动机做功能力。因此在目前的技术条件下,涡轮增压器是唯一能使发动机在工作效率不降低的情况下增加输出功率的机械装置。涡轮增压原理如图4-72所示。

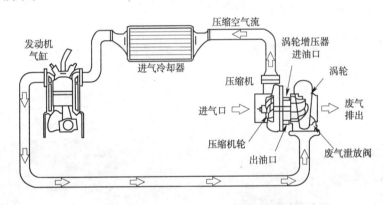

图4-72 涡轮增压原理

涡轮增压装置主要是由涡轮室和增压器组成。首先是涡轮室的进气口与发动机排气歧管相连,排气口则接在排气管上。然后增压器的进气口与空气滤清器管道相连,排气口接在进气歧管上,最后涡轮和叶轮分别装在涡轮室和增压器内,二者同轴刚性连接。涡轮增压发动机内部运动如图4-73所示,涡轮增压器结构如图4-74所示。

涡轮增压的主要作用是提高发动机进气量,从而提高发动机的功率和扭矩,让汽车更有动力性能。一台发动机装上涡轮增压器后,其最大功率与未装增压器时相比,可以增加40%甚至更高。这就意味着同样一台发动机在经过增压之后能够产生更大的功率。就拿我们最常见的1.8T涡轮增压发动机来说,经过增压之后,动力可以达到2.4L发动机的水平,但是耗油量却比1.8发动机并不高多少,在另外一个层面上来说就是提高燃油经济性和降低尾气排放。

涡轮增压的最大优点是它可在不增加发动机排量的基础上,大幅度提高发动机的功率和扭矩。涡轮增压器的缺点是滞后,即由于叶轮的惯性作用对油门骤时变化反应迟缓,使发动机延迟增加或减少输出功率,这对于要突然加速或超车的汽车而言,瞬间会有提不上劲的感觉。

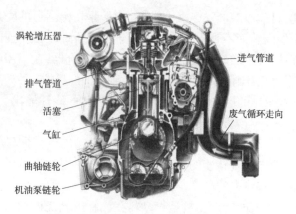

图 4-73 涡轮增压发动机内部运动示意图

图 4-74 涡轮增压器结构

2. 废气再循环系统（EGR）

EGR 是英文 Exhaust Gas Recirculation 三个字的缩写，意思是废气再循环系统，它是针对氮氧化物（NO_x）所设置的排气净化装置。

氮氧化物排到大气中，碰到强烈的紫外线时，会产生光化学烟雾，这种光化学烟雾，会造成眼睛疼痛，严重的还会呼吸困难，长期呼吸被氮氧化物和黑烟污染的空气，也容易带来呼吸器官的疾病。

废气再循环是指把发动机排出的部分废气回送到进气管，并与新鲜混合空气一起再次进入汽缸。

废气再循环系统原理及组成分别如图 4-75、图 4-76 所示。

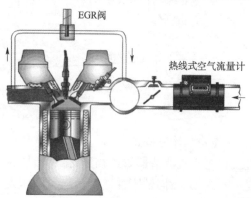

图 4-75 废气再循环系统原理图

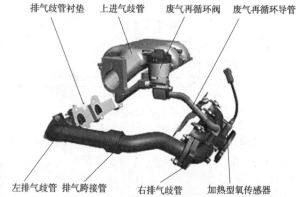

图 4-76 废气再循环系统组成图

任务六　电子控制系统认知

任务目标

1. 能叙述电控发动机电子控制系统的组成和作用。
2. 能在实车上找到各传感器和执行器的位置。

一、电子控制系统的组成及作用

电子控制系统的组成及作用如图 4-77 所示。

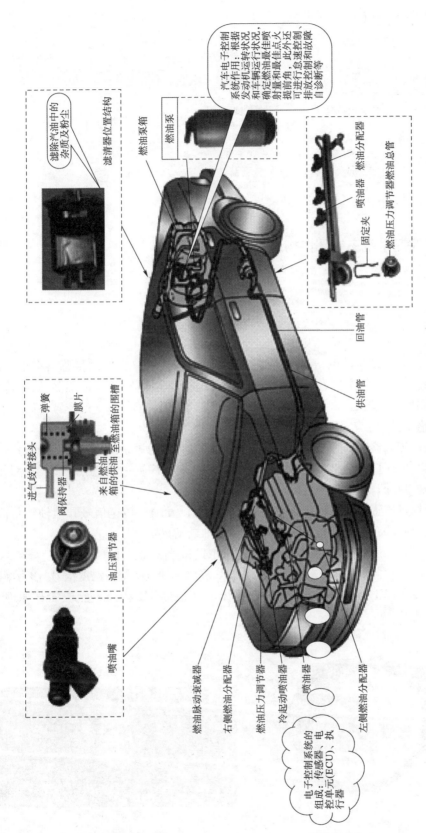

图 4-77 电子控制系统的组成及作用

电子控制系统工作流程,如图 4-78 所示。

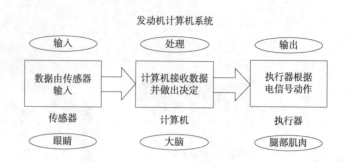

图 4-78 电子控制系统工作流程

二、电子控制系统主要部件构造

1. 传感器

引导问题 1

车上的传感器的作用与人体的那个器官的作用最相似?请举例说明。

传感器用来测量或检测反应发动机运行状况下的各种物理量、电量和化学量等,并将它们转换成计算机能够接受的电信号后再送给电控单元(ECU)。常用的传感器有空气流量计、进气歧管绝对压力传感器、凸轮轴位置传感器(图 4-79)、曲轴位置传感器、温度传感器(包括冷却液温度传感器、进气温度传感器和排气温度传感器等)、节气门位置传感器、氧传感器、爆震传感器等。

凸轮轴位置传感器也称判缸传感器或相位传感器,主要功用是采集凸轮轴的位置信号,并输入 ECU,以便 ECU 识别出 1 缸压缩上止点,从而进行顺序喷油控制、点火时刻控制和爆震控制,一般安装在凸轮轴附近或者分电器内。

曲轴位置位置传感器又称转速传感器,给 ECU 提供发动机转速信号和曲轴转角信号。它一般安装在与曲轴有精确传动关系的位置,如曲轴或飞轮处。

凸轮轴/曲轴位置传感器的类型有电磁式、霍尔式和光电式三种。

冷却液温度传感器(图 4-80)的作用是给 ECU 提供发动机冷却液温度信号,作为燃油喷射和点火正时控制修正信号。一般安装在汽缸体水道上或冷却水出口处,其工作原理与进气温度传感器相同。

图 4-79 凸轮轴位置传感器实物图

图 4-80 冷却液温度传感器实物图

爆震传感器(图4-81)是点火时刻闭环控制必不可少的重要部件,其功用是将发动机爆震信号转换为电信号传递给ECU。ECU根据爆震信号对点火提前角进行修正,从而使点火提前角保持最佳。

图4-81 爆震传感器安装位置和实物图

目前国内应用最多的是压电式爆震传感器,用螺栓拧在发动机汽缸体、进气歧管或汽缸盖上,通过检测缸体表面的震动信号,判断发动机是否产生爆震。为保证工作的可行性,常采用两台或多台爆震传感器。

氧传感器(或O_2传感器)是排气氧传感器的简称,其功用是通过监测排气中氧离子的含量来获得混合气的空燃比信号,并将该信号转变为电信号输入ECU。

氧传感器分为氧化锆(ZrO_2)式和氧化钛(TiO_2)式两种类型,氧化锆式又分为加热型与非加热型氧传感器两种,氧化钛式一般都为加热型传感器。

氧传感器的安装位置和实物图如图4-82所示。

图4-82 氧传感器的安装位置和实物图

2. 控制单元

引导问题2

汽车上的发动机控制的核心大脑是谁?一般安装在哪里?

电子控制单元实物图及内部结构分别如图4-83、图4-84所示。

电控单元(ECU)的主要功能是根据发动机的运转状况和车辆运行状况对发动机进行精确控制。

电控单元(ECU)主要由输入回路、A/D 转换器(模拟信号/数字信号转换器)、微型计算机(简称微机)和输出回路组成。

图 4-83　电子控制单元实物图

图 4-84　电子控制单元内部结构

(1)输入回路

输入回路的作用是将系统中各传感器检测到的信号经过 I/O(输入/输出)接口进行预处理,数字信号直接输入微机,模拟信号则送往 A/D 转换器转换成数字信号后再输入微机,同时还起到除去输入信号的杂波,将正弦波转变为矩形波后,再转换成输入电子信号。

(2)A/D 转换器(模拟/数字信号转换器)

从传感器送来的信号有模拟信号(如叶片式空气流量计信号、节气门位置传感器信号、进气温度传感器信号等)和数字信号(如转速信号、卡门旋涡式空气流量计信号等)两种。数字信号可直接输入微机,但由于微机不能直接接收模拟信号,A/D 转换器须先将传感器输入的模拟信号转换成数字信号,再输入微机进行处理。

(3)微机

微机是控制系统的神经中枢,其功用是根据工作需要,利用其内存程序和数据对各传感器输送来的信号进行运算处理,并将处理结果送往输出回路。微机主要由中央处理器(CPU)、存储器输入/输出装置、总线等组成。

(4)输出回路

微机输出的是数字信号,且输出的电流很小,一般不能直接驱动执行元件工作。作为微机与执行元件之间的连接桥梁——输出回路,其主要功用就是将微机的处理结果放大,生成可以驱动执行元件工作的控制信号。

3. 执行器

引导问题 3

车上哪些部件属于执行器？请举例说明。

车用执行器(图 4-85)是接收 ECU 传来的控制信息并对受控对象施加控制作用的装置,从而控制发动机的工况。

常用的车用执行元件有:喷油器、点火线圈、怠速控制阀、EGR 阀、炭罐电磁阀、油泵继电器、节气门控制电机、二次空气喷射阀、仪表显示器等。

图 4-85 车用各种执行器

 故障案例

案例　三元催化转化器堵塞故障

【故障现象】

一辆 2004 款的丰田威驰轿车,出现踩加速踏板不加速的现象。

三元催化转化器故障检查流程如图 4-86 所示。

【故障检查】

步骤一：读取故障码。用检测仪检查发动机电控部分,发现系统无故障码存储

步骤二：读取数据流。对发动机进行动态测试重复进入诊断仪,起动发动机,读取动态数据流,进气温度和冷却液温度均正常,其他数据也没有问题,数值均在允许范围内

步骤三：读取点火波形。点火波形连接完成后起动波形测试仪,分别观察一缸、二缸、三缸、四缸的次级波形,发现各缸点火均正常

步骤四：测量进气管真空度。连接真空表,启支发动机并观察进气管真空度,数据显示真空度偏低。简单检查进气管没有问题,怀疑排气管可能出现堵塞

步骤六：检查三无催化器并更换：举车检查三元催化转换器,发现转换器外表的高温烧灼的痕迹,因此拆下三元催化转换器并对其进行更换

步骤五：测量排气管背压。连接排气背压表,启动发动机读取排气背压表数值,发现背压值偏高,可能排气管有堵塞现象

图 4-86　三元催化转化器故障检查流程

【故障修复验证】

更换完三元催化转换器后进行试车,故障消失,车辆动力性恢复。

【回顾总结】

　　加速无力的原因很多,在检查这类故障时,应先判断在什么情况下加速无力,再根据具体条件下的加速无力情况,确定维修思路,即将混合气、点火和机械部分分开,确定维修的重点,不可盲目也无重点地去维修,否则会走很多弯路。

　　首先确认造成汽车加速无力的主要问题:包括汽车的点火性能不好;汽车供油系统不良,油压不足;汽车的点火正时不准以及汽车进气/排气系统堵塞等。可以先看汽车进气系统空气滤清器是否积尘堵塞和进气节气门是否堵塞,如果长时间没换空气滤清器,则应更换,节气门拆下来清洗并清洗怠速马达,试车检查。检查供油系统,先看油压表油压是否正常,以此判断油泵工作是否良好,如果喷油嘴长时间没有清洗,堵塞也会引起汽车加速无力,那么应当将喷油嘴拆下洗净。

　　当然,劣质汽油也会引起此类问题。检查汽车点火性能和点火正时。点火性能方面主要检查点火线圈是否失火,火花塞的积碳和火花塞间隙;点火正时方面主要是通过正时灯来检查实际的点火提前角是否正确。本车最终故障原因是三元催化转换器堵塞,更换后故障消失。

　　三元催化转换器堵塞后的故障现象包括:

　　(1)发动机有油、有火,但是无法启动。

　　(2)加速不良,没有高速。

　　(3)加速时进气管"回火",急加速熄火。

　　(4)进气管向外冒白烟。

　　(5)没有超速挡(排气背压过高会造成发动机加速不良,好像没有超速挡,所以有时会误认为是自动变速器的故障)。

　　(6)用故障诊断仪检测电控系统,一般没有故障代码。若读取数据流,往往有多项数据不正常。例如:有的汽车低速行驶时耸车,减速后再加速,耸车更加明显,更换点火线圈高压线、火花塞、电控单元都不见好转,这就要考虑排气背压是否过高了。这种情况与加速不畅、车速提不起来、急加速时回火甚至熄火相比,只是排气管堵塞的程度不同而已。

　　总之,若排气背压过高,会造成发动机启动困难、怠速不良、加速无力、转速不稳定、点火调节失控等故障现象。

项目五 润滑系统的拆装与检测

知识目标
1. 掌握几种常见的润滑方式。
2. 叙述润滑系的作用。
3. 掌握油路的基本结构、组成部分。
4. 掌握机油滤清器的三种形式。

能力目标
1. 正确的使用工具和设备。
2. 能够自主探究学习和小组协作学习。
3. 能够正确规范地更换润滑油及机油滤清器。

任务一 润滑系统认知

任务目标
1. 简单叙述润滑系的功用、结构组成及其工作原理。
2. 正确描述润滑方式以及润滑路线。

一、润滑系统的组成及作用

润滑系统的组成及作用如图 5-1 所示。

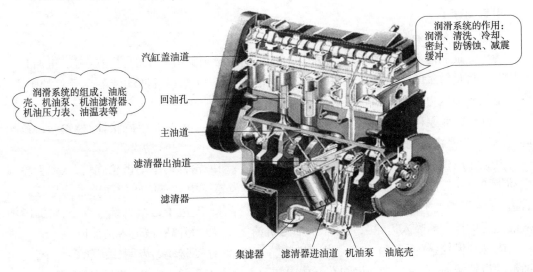

图 5-1 润滑系统的组成及作用

润滑系统油路示意图如图 5-2 所示。

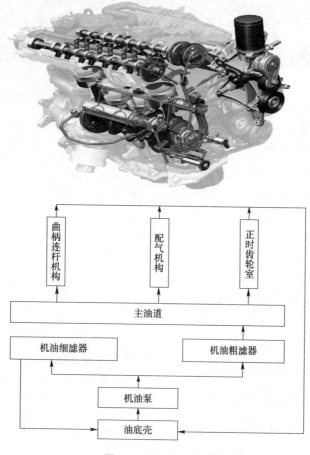

图 5-2　润滑系统油路

二、润滑系统主要部件的构造

1. 机油泵

引导问题 1

机油是如何从油底壳流到各润滑部位呢？

为了保证润滑部位得到必要的润滑油量，主油道必须具有一定的供油压力。机油泵的作用就是将足够量的润滑油以足够的压力供给主油道，以克服机油滤清器及管道的阻力。主油道的机油压力一般在 0.08 ~ 0.8MPa 之间。

外啮合齿轮泵（图 5-3）是以一对啮合的渐开线圆柱齿轮为工作齿轮，两齿轮的齿数相同，其中一个是由发动机曲轴或凸轮轴驱动的主动齿轮，一个是从动齿轮。

其工作原理（图 5-4）：发动机曲轴通过机油泵传动齿轮带动主动齿轮旋转，从动齿轮与主动齿轮反向旋转。机油从油泵齿轮对的左边，被齿轮齿槽与壳体间的间隙带到齿轮对的右边，吸入润滑油不能从啮合在一起的齿轮间流入右边。左边于是出现部分真空，将润滑油从油底壳中被不断吸入齿轮泵壳体中。右边机油增多，压力升高，被送入主油道中。

内啮合齿轮泵（图 5-5）安装在发动机前端，用曲轴直接驱动。齿圈比齿轮多一个齿，曲轴带动齿轮转动，齿轮再带动齿圈在壳体内转动。两个齿轮偏心安装，其间有月牙形块。

图5-3 外啮合齿轮泵实物图

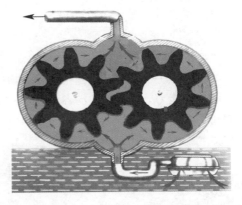

图5-4 齿轮式机油泵工作原理示意图

其工作原理(图5-6):当曲轴带动齿轮转动时,对齿圈差动传动。在齿轮与齿圈逐渐啮合的过程中,进油口处的机油被啮合齿带动从进油腔向出油腔移动,空出容积,产生真空,把油底壳内机油不断抽到油泵中。带入出油腔的油,由于月牙定子阻止其回到进油腔而被加压,从出油口排出。

图5-5 内啮合齿轮泵

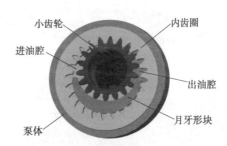

图5-6 内啮合齿轮泵工作原理图

转子式机油泵(图5-7)主要由外转子和内转子组成。其工作原理(图5-8):在内、外转子间形成4个工作腔,随着转子的转动,这4个工作腔的容积是不断变化的。在进油道的一侧空腔,由于转子脱开啮合,容积逐渐增大,产生真空,机油被吸入,转子继续旋转,机油被带到出油道的一侧。这时,转子正好进入啮合,使这一空腔容积减小,油压升高,机油从齿间挤出并经出油道压送出去。这样,随着转子的不断旋转,机油就不断地被吸入和压出。

图5-7 转子式机油泵

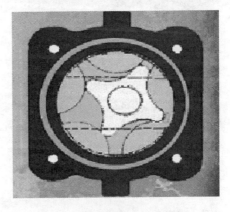

图5-8 转子式机油泵原理图

2. 机油滤清器

引导问题 2

机油滤清器的作用及结构？

机油滤清器主要功能是滤除机油中金属磨屑、机械杂质、油泥和水分等杂物。

按照过滤能力分为机油集滤器(图 5-9)、机油粗滤器(图 5-10)和机油细滤器(图 5-11)，设于润滑系统的不同部位。

图 5-9 集滤器

图 5-10 机油滤清器

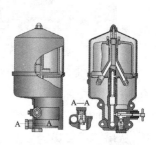

图 5-11 机油细滤器

注：(1)集滤器装在机油泵前油底壳中，一般采用金属滤网式。

(2)机油滤清器装在机油泵后面，和主油道串联，主要有金属刮片式、锯末滤芯式、微孔滤纸式几种，现在主要采用微孔滤纸式。

(3)机油细滤器装在机油泵后和主油道并联，主要有微孔滤纸式和转子式两种。

3. 油底壳

引导问题 3

润滑油储存在哪里？

曲轴箱下半部的油底壳，主要起到封闭曲轴箱，并收集和储存润滑油的作用。按照结构的不同，油底壳可分为干式油底壳(图 5-12)和湿式油底壳(图 5-13)。

图 5-12 干式油底壳

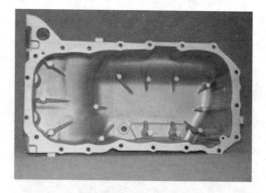

图 5-13 湿式油底壳

湿式油底壳，市场上见到的大多数车都是湿式油底壳，之所以命名为湿式油底壳是由于发动机的曲轴曲拐和连杆大头在曲轴每旋转一周都会浸入油底壳的润滑油内一次，起到润滑作用。润滑方式包括压力润滑和飞溅润滑。

这种润滑方式结构简单，不需另设机油箱，但车辆工作的倾斜度不可过大，否则会因断油、漏油而引发烧瓦拉缸事故。

干式油底壳多用在赛车的引擎。它没有在油底壳中储存机油,更为准确地说是没有油底壳。在曲轴箱的这些运动的摩擦表面都是通过一个个量孔压出机油进行润滑。润滑方式仅为压力润滑。

采用干式油底壳需要消耗一部分发动机的动力。因此干式油底壳只会配备在大排量或者大功率的发动机上,如那些为激烈驾驶而生的跑车上。

4. 其他组成部分

引导问题 4

当机油压力过大时怎么办?

限压阀(图 5-14):用以限制润滑系统中机油的最高压力。当机油泵和主油道上机油压力超过预定的压力时,克服限压阀弹簧作用力,顶开阀门,一部分机油从侧面通道流入油底壳内,使油道内的油压下降至设定的正常值后,阀门关闭。

旁通阀(图 5-15)用以保证润滑系内油路畅通,当机油滤清器堵塞时,机油通过并联在其上的旁通阀直接进入润滑系的主油道,防止主油道断油。结构与限压阀基本相同。

图 5-14　限压阀

图 5-15　旁通阀

三、润滑油的相关知识

1. 润滑油的组成

引导问题 1

润滑油是由什么组成呢?

润滑油由基础油和添加剂组成。其中,基础油占 70%~95%,添加剂占 5%~30%。基础油有矿油型和合成型两大类,而绝大多数是矿油型。

添加剂的主要类型有清净分散剂、抗磨剂、抗氧剂、抗氧抗腐剂、防锈剂、抗泡剂等。

2. 润滑油的作用

引导问题 2

润滑油只有润滑的作用么?

(1)润滑作用(图 5-16):让转动更顺畅。

充分润滑金属部件的各接触面,减少摩擦阻力,防止相互摩擦造成的磨损。

(2)清洁分散作用(图 5-17):清洗发动机。

冲洗和清除燃烧残渣以及磨损产生的金属碎屑。

(3)冷却作用(图5-18):降低发动机温度。

转动中的发动机温度高达800℃,机油可以把这些热量带走。

图5-16 润滑作用　　　　　　图5-17 清洁作用

(4)密封作用(图5-19):防止压力外泄。

机油渗入到发动机的缝隙内,密封了燃烧室,减少了能量浪费。

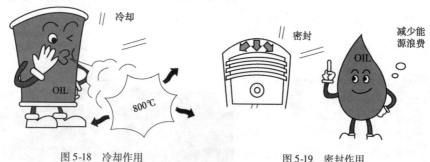

图5-18 冷却作用　　　　　　图5-19 密封作用

(5)防锈作用(图5-20):防止发动机生锈。

发动机内部燃烧会产生水蒸气及酸性物质。机油能防止由此引起的生锈或腐蚀。

图5-20 防锈作用

引导问题3

定期更换润滑油的必要性?

由于发动机内部工作环境恶劣,机油的性能会逐渐下降。

(1)机油易变质(图5-21)。在发动机内部高温、高压等恶劣的条件下,机油会出现变质、失去黏度等现象,因而加速发动机内部的非正常磨损,导致烧坏发动机。

(2)机油易被污染(图5-22)。机油通过清洁分散作用将金属碎屑或燃料残渣清洗下来,不断地堆积在机油里,形成油泥和积碳,它们会影响汽缸活塞的往复运动,导致燃油消耗上升,影响发动机的工作效率和寿命。

(3)老化机油对发动机有不良影响(图5-23)。一旦机油的防锈作用减弱,发动机内部就容易生锈,造成损害。

定期更换机油的间隔标准:每行驶 2500~5000km 或者每隔 3~6 月。为了保持机油的良好性能,建议每行驶 2500~5000km 或者每隔 3~6 月更换一次机油!

图 5-21　机油变质　　　　图 5-22　机油污染　　　　图 5-23　发动机被损害

3. 润滑油的型号

引导问题 4

购买和使用润滑油时,如何选用润滑油?

机油的品质可用几种标准体系来体现,每个标准又分为若干个等级。机油的等级不同,所含的抗氧化剂及清洁分散剂等添加剂也不一样。等级越高,机油的性能越优越。

机油铭牌型号如图 5-24 所示。

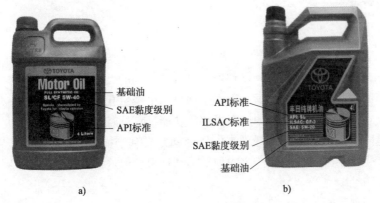

图 5-24　机油铭牌型号

(1) API 标准:

API 标准是美国石油协会(American Petroleum Institute)规定的质量分类标准。以美国、日本为中心,在世界范围内得到广泛使用。根据 API 标准规定,目前,汽油发动机机油的等级分类从 SA 到 SM,其中,"S"后的字母顺序越靠后,表示该等级机油的品质越高。柴油发动机机油则是用字母"C"标识,"C"后的字母顺序越靠后,品质越高。

汽油发动机机油等级分类,如图 5-25 所示。

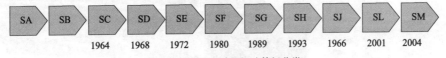

图 5-25　汽油发动机机油等级分类

柴油发动机机油等级分类,如图 5-26 所示。

图 5-26　柴油发动机机油等级分类

(2)ILSAC 标准：

ILSAC 标准由国际润滑油标准化认定委员会（International Lubricants Standardization and Approval Committee，由日本、美国两国汽车工业协会联合组成）制定，其质量标准非常严格。其中设有名为 GF-3 的机油标准，该标准要求除满足 API-SL 品质等级以上的各项要求外，还要求必须通过新型节省燃油性能测试。因此 ILSAC 标准是集节省燃油、高品质为一体的质量体系。

(3)AECA 标准：

AECA 标准由欧洲汽车工业协会（Association Constructeurs European d'Automobiles）制定的质量标准。其中 A 标准用于汽油发动机机油，B 标准用于乘用车柴油发动机机油，各分四个等级。

(4)SAE 黏度等级：

SAE 黏度等级由美国汽车工程师协会（Society of Automotive Engineers）制定的机油黏度标准。黏度是指机油黏稠性的尺度，在机油的性能中，黏度最为重要。为了选择最适宜的机油，首先要看黏度，从 SAE 标识的数字中，可以判断该等级机油所适应的外界气温范围。例如 5W-40，5W 代表低温时的黏度等级符合 SAE 5W 标准；W 代表标识为冬天（Winter）的意思，W 前的数值越小，表示低温下的流动性越好，低温时的发动机起动性能越好；40 代表高温时的黏度等级符合 SAE40 标准，其数值越大，表示黏度越高（机油越稠）。

知识拓展

1. 干式油底壳

在剧烈的驾驶条件下，采用飞溅润滑的湿式油底壳可能会因离心作用的问题进而导致机油供给困难，造成润滑不足，在一定程度上制约了车辆的性能。

在曲轴箱的这些运动件的摩擦表面都是通过一个个量孔压出机油进行压力润滑。由于干式油底壳发动机取消了油底壳的储存机油的功能，所以原油底壳的高度就大大降低了，发动机的高度也随之降低。重心降低带来的好处就是有利于操控，最主要的优点就是避免了发生湿式油底壳由于剧烈驾驶而产生的种种不利现象。但这需要一个功率很大的机油泵输出高油压的润滑油。

干式油底壳储油罐如图 5-27 所示。

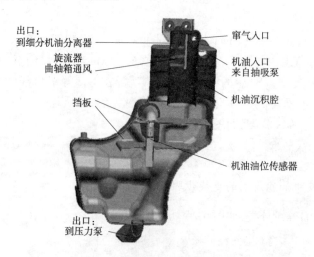

图 5-27　干式油底壳储油罐示意图

2. 可变排量机油泵

可变排量机油泵可以减少机油泵的功率消耗，从而降低乘用车发动机1%～2%的燃油消耗，原理是使机油泵的供油量与发动机的实际机油需求量进行匹配。

可变排量机油泵主要原理(图5-28)是通过外调节环的滑动或者摆动，改变其与转子的偏心距，进而改变叶片泵的排量。当反馈机油压力达到变量设定值时，弹簧被压缩，外调节环滑动或者摆动，使叶片的内圈和外圈之间的偏心距减小，叶片与内外圈之间形成的压油腔在机油泵运转过程中变化量也相应减小，这样就使机油泵流量减小；当反馈机油压力降低时，弹簧逐渐回位从而使调节环复位。

主油道压力反馈控制方式(图5-29)，其取反馈的压力点位是发动机压力的主要评定点，压力波动小，接近主要润滑部件，能准确反映发动机的机油压力需求，采用主油道压力反馈，压力控制更加准确，贴近发动机需求，机油泵效率更高。

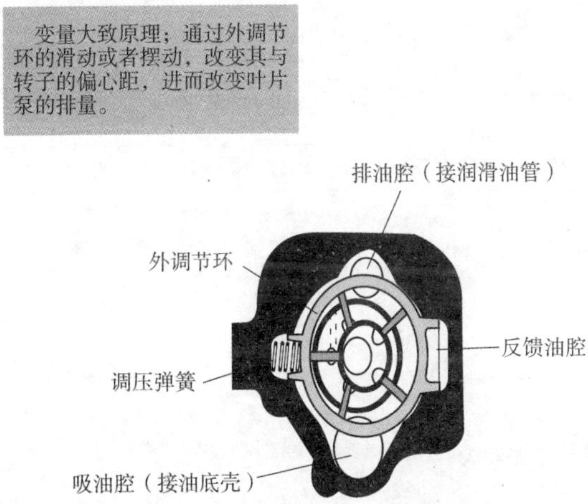

图5-28　可变排量机油泵工作原理 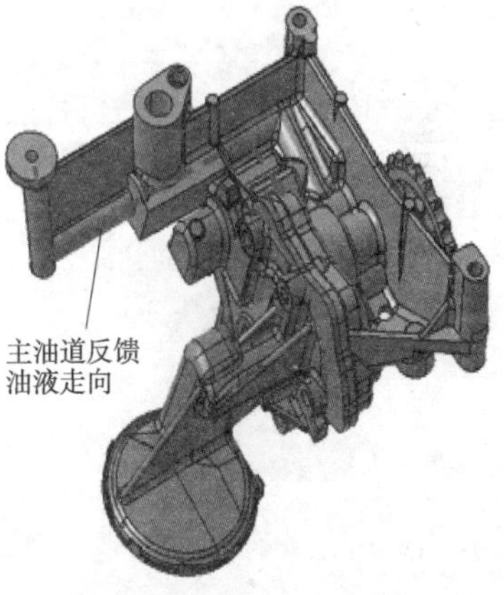　　　　图5-29　主油道反馈油液走向

该变量泵使得发动机在中高速下的主油道压力保持一个相对恒定值，在满足发动机机油需求的同时，减少功率消耗，起到节能减排的作用。如EC8发动机的变排量叶片式机油泵在同级发动机中处于国内顶级水平，消耗功率低，机油压力控制稳定，用户在驾驶车辆时，能降低发动机动力损耗，减少燃油消耗。

任务二　润滑油及机油滤清器的更换

任务目标

1. 掌握机油的检查方法。
2. 正确识别机油型号。
3. 掌握机油以及机油滤清器的更换步骤。

任务名称	润滑油及机油滤清器的更换	组长姓名	
实训日期		任务成绩	
情境预设	汽车保养灯亮，根据4S店定期维护计划规定，对该车辆进行维护作业。		

续上表

一、资讯	
1.发动机润滑系统的组成?	
2.润滑系统的润滑路径?	
3.机油的作用?	
二、决策与计划	
请根据任务要求,确定所需要的检测仪器、工具,并对小组成员进行合理分工,制订详细的诊断和修复计划。	
1.更换机油和机油滤清器实施步骤有哪些,应用到哪些工具? 实施步骤共七步:启动前检查机油油位及品质、排放机油、拆卸机油滤清器、安装机油滤清器、添加发动机机油、检查机油泄漏、恢复汽车原状。工具:清洁布一块、常用工具一套。	
2.小组成员分工	
3.诊断和修复计划	
三、实施执行	
1.起动前检查 (1)发动机舱油位、液位检查 检查喷洗液液位、检查发动机冷却液液位、检查制动液液位、检查发动机机油油位(图5-30)。 注意事项:①确保所检查的油位、液位在正常的刻度范围内,如有不正常,则需要对其进行添加。②在检查机油油位时,机油尺沿水平向下方向45°左右且顶端放在纱布上面,读取机油液位。	 图 5-30 发动机舱油位、液位检查

续上表

(2)起动前安全检查 进入驾驶室,将点火开关置于ON位置(图5-31)。 注意事项:①确保换挡杆处于驻车挡位置。②确保驻车制动器处于制动状态。	 图5-31 起动前安全检查
(3)起动发动机暖机 起动发动机,保持怠速运行,并打开暖风开关至最高挡位进行暖机,暖机过程要观察仪表板水温表(图5-32),当水温上升至正常温度(80~93℃)时,关闭发动机。	 图5-32 观察仪表板水温表
2.检查机油油位及品质 (1)机油油位检查 暖机熄火后等待5min,拔出机油尺,用布清洁干净,插回到机油尺孔中,再次拔出机油尺进行检查(图5-33)。检查时,机油尺沿水平向下方向45°左右且顶端放在纱布上面,水平目视检查机油液位是否在油位计的低油位和高油位标记之间。	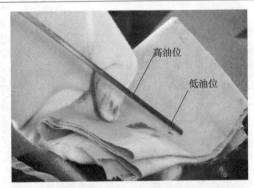 图5-33 机油油位检查
(2)机油品质检查 拔出机油尺,滴一滴机油在白纸上,检查机油是否变质、变色或变稀,以及油中有杂物(图5-34)。 注意事项:检查机油时,机油不要滴落到车上或地上,如有,则进行清洁。	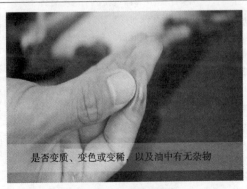 图5-34 机油品质检查

3.排放机油 （1）打开发动机机油加注口盖 　　用手拧开发动机机油加注口盖（图5-35），拧松后取下机油加注口盖，清洁并检查机油加注口盖的密封圈及螺纹有无老化、损坏，如有，则更换。检查完将机油加注口盖放回机油加注口，无须拧上。	 图5-35　打开发动机机油加注口盖
（2）举升车辆 　　注意事项：在举升之前要检查车辆四周无人员、检查举升机支架与车辆支承位置放好、检查车辆中心对正无偏斜、检查车辆无负重（图5-36）。	 图5-36　举升车辆
（3）准备机油收集器 　　将机油收集器推到发动机油底壳放油螺塞正下方，调整接收盆的高度到合适高度（图5-37）。	 图5-37　准备机油收集器
（4）排放机油 　　首先清洁放油螺塞处，然后选用14mm套筒和棘轮扳手将放油螺塞拧松，用手缓慢将放油螺塞旋转出来，目视螺纹处开始有机油渗漏、螺纹有松旷感觉时，用手轻轻压住螺栓，迅速旋转并移开螺栓，开始排放机油（图5-38）。 　　注意事项： 　　①热机后的发动机，机油还保持一定的温度，排放时，必须佩戴防护手套，注意机油不要流到手上，以免烫伤手。 　　②废机油中含有多种有害物质，不要长时间接触。 　　③手上接触废机油时，一定要及时用肥皂和水清洗干净，或用免水型洗手剂清洗手上的机油。 　　④排放机油时，要排放干净。	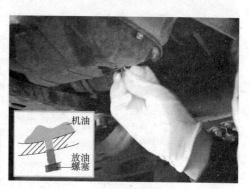 图5-38　取下放油螺塞

续上表

(5)安装发动机油底壳放油螺塞

先清洁并检查放油螺塞,如有损坏,则更换放油螺塞。安装时先更换密封垫圈(图5-39),接着安装放油螺塞,然后用手扭紧,最后使用扭力扳手及套筒以37N·m的扭矩紧固发动机油底壳放油螺塞。

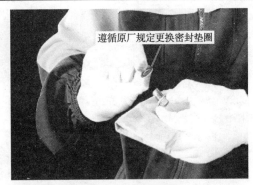

图5-39　更换密封垫圈

(6)清洁放油螺塞处的油污

选用干净的布清洁发动机油底壳放油螺塞处油污(图5-40)。

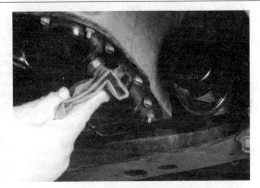

图5-40　清洁放油螺塞处的油污

4.拆卸机油滤清器

把机油收集器移到机油滤清器正下方,选用机油滤清器专用工具配合棘轮拧松机油滤清器,松动后取下专用工具及棘轮扳手,然后用手将机油滤清器旋转出来,放置在专用的环保桶里。

注意事项:

①拆卸机油滤清器时,必须佩戴防护手套;

②操作时注意机油不要流到手上,以免烫伤手。

机油油位检查如图5-41所示。

图5-41　机油油位检查

5.安装机油滤清器

安装机油滤清器如图5-42～图5-47所示。

(1)检查并清洁机油滤清器底座

用干净的布清洁机油滤清器底座上的油污。

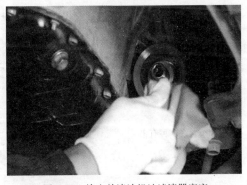

图5-42　检查并清洁机油滤清器底座

续上表

(2)更换机油滤清器 取来同一型号新的机油滤清器,并在新机油滤清器的衬垫上涂抹一层干净的发动机机油。	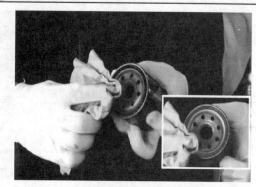 图 5-43　更换机油滤清器
(3)安装新的机油滤清器 将新的机油滤清器安装到机油滤清器底座上。	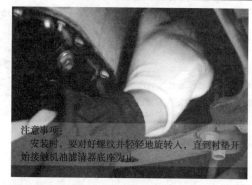 注意事项: 安装时,要对好螺纹并轻轻地旋转入,直到衬垫开始接触机油滤清器底座为止 图 5-44　更换机油滤清器
(4)紧固机油滤清器 选用机油滤清器专用工具,配合扭力扳手及加长杆以18N·m的扭矩紧固机油滤清器。 注意事项:紧固机油滤清器时,如果没有足够的空间使用扭力扳手,则可用棘轮配合套筒,将机油滤清器紧固3/4圈。	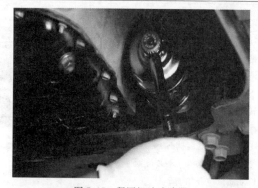 图 5-45　紧固机油滤清器
(5)清洁机油滤清器 选用干净的布清洁机油滤清器安装位置处的油污。	 图 5-46　清洁机油滤清器

(6)机油收集器归位 (7)降下车辆	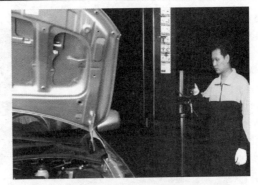 图5-47　降下车辆
6.添加发动机机油 (1)选择合适的机油 根据车辆行驶的环境选择合适的机油黏度及机油等级。 (2)加注新的发动机机油(图5-48) 更换机油滤清器后的标准加注量约4.2L。机油加注完成后,旋紧机油加注口盖。	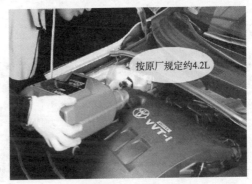　按原厂规定约4.2L 图5-48　加注新机油
7.检查机油是否泄漏 (1)发动机暖机(图5-49) 起动发动机暖机,机油指示灯熄灭,水温上升至正常温度,发动机怠速、中速、高速运转,然后将发动机熄火。 注意事项:发动机热机后,操作时注意不要烫伤。	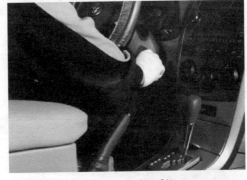 图5-49　发动机暖机
(2)举升车辆(图5-50) 按下举升按钮举升车辆,升到操作的合适高度停止举升并锁止。 注意事项:在举升之前要检查车辆四周无人员、检查举升机支架与车辆支承位置放好、检查车辆中心对正无偏斜、检查车辆无负重。	 图5-50　举升车辆

（3）机油泄漏检查（图5-51） 目视检查油底壳放油螺塞处及机油滤清器与底座结合处，有无渗漏；然后使用干净的布再检查油底壳放油螺塞结合处、机油滤清器与底座结合处有无机油泄漏。 注意事项：操作时注意不要被烫伤 （4）降下车辆 （5）起动发动机暖机 起动发动机，保持急速运行，并打开暖风开关至最高挡位进行暖机，暖机过程要观察仪表板水温表，当水温上升至正常温度（80～93℃），关闭发动机。	 图5-51　机油泄漏检查
（6）检查发动机机油液位 暖机熄火后等待5min，拔出机油尺，用布清洁干净，插回到机油尺孔中，再次拔出机油尺进行检查。检查时，机油尺沿水平向下方向45°左右且顶端放在纱布上面（图5-52），水平目视检查机油液位是否在油油计的低油位和满油位标记之间。检查完把机油尺插回机油尺孔中。 注意事项： ①检查时，注意机油不要滴落到发动机和地面上，如有，则必须马上清洁。 ②检查时，如液位低于规定范围，则必须添加到规定范围。 ③检查时，如液位高于规定范围，则必须抽出来，直到液位在规定范围内。	 图5-52　检查机油液液位
8.恢复汽车原状	
四、检查评估	

1.请根据自己任务完成的情况，对自己的工作进行自我评估，并提出改进意见。

2.教师对小组工作情况进行评估，并进行点评。

 **故障案例**

案例 发动机出现机油压力过低

【故障现象】

一辆行驶里程超26万km的丰田威驰轿车,该车发动机的机油压力降低。

【故障检查】

1. 检查机油压力表

机油温度将影响机油压力,一般情况下,机油温度每升高3℃机油压力就会降低7kPa。检查机油压力表有无故障时,可以采用外接表的方式;启动发动机,将机油温度保持为99℃,然后检查机油压力,并参照表5-1,确定机油压力是否真正过低。

发动机机油压力参照表　　　　　　　　　　表5-1

测试转速(r/min)	机油标号	最小允许压力(kPa)
1500 或以上	SAE10	140
	SAE30	165
600~800	SAE10	40
	SAE30	50

2. 检查机油油位

检查油底壳中机油油面是否处于正常范围内,如果机油油面过低,将造成机油泵吸空现象,机油中存在空气,使机油压力过低。

3. 检查外部各处有无漏油现象

发动机外部(包括涡轮增压器润滑油管、曲轴前后油封、油底壳垫、呼吸器、机油感应塞等处)若有漏油,造成机油流失量较大,也可导致机油压力过低。

4. 检查机油滤芯有无堵塞

机油滤芯堵塞后会造成机油流通受阻,压力增大,使旁通阀自动打开,机油不经滤芯就直接流入主油道。

5. 检查摇臂轴与摇臂的间隙

此间隙过大会造成大量机油直接流回油底壳,使机油压力降低。可打开气门室罩盖,启动发动机,察看是否有过多的机油从摇臂架上流出,以判断摇臂轴处有无问题。

6. 检查机油油质

若机油中混入其他液体,会因变质而引起黏度降低,从而导致机油压力降低。

先检查机油中有无水分。如果机油中有水,机油会产生乳化现象而呈乳白色。一般应按下述3种情况检查机油中水的来源:首先,检查机油冷却器是否漏水,因为机油的冷却是由冷却水通过热交换方式完成的,热机油在机油冷却器的铜管外侧流动,冷却水在铜管内流动,机油冷却,水温升高,而后流回散热器,因而水完全有可能在机油冷却器处进入机油,导致机油乳化。其次,检查汽缸垫是否破裂,因为汽缸垫不仅起密封缸压的作用,还有保证水和机油在各自不同系统内循环的功能,如果汽缸垫破裂或老化,也可在此处造成机油中进水。再次,检查缸体和缸套有无穴蚀情况,穴蚀的产生往往是由于不正确使用冷却液而造成的,而且长时间才能形成,因而容易被忽视。强调一点:机油中进入冷却水常见于机器长时间停机不工作后,此时机油油面会升高。

再检查机油中有无汽油。从油底壳中取少量机油,滴在一张白纸上,看油是否会渗入白纸,如渗入,则证明机油中含汽油,因为汽油的渗透力大于机油。如果有汽油渗入机油中,机油油面会在机器长时间工作时持续升高。

最后检查机油黏度级别与机器所处的环境是否相适应(尤其在低温环境下更应引起注意)。使用不正确黏度级别的机油会造成启动困难,影响机油压力。

7. 检查机油冷却器

机油冷却器堵塞往往不易被发现,若机油冷却器部分被堵塞,会造成节流现象,使进入主油道的机油量减少,冷却效果不好,此时会引起系统中的机油温度升高、机油黏度降低,造成机油压力低。

8. 检查机油泵

检查机油泵吸油网是否被堵塞、机油泵齿轮及壳体端面有无磨损、机油泵旁通阀是否正常。如果机油泵旁通阀弹簧变软,将造成机油在进入主油道之前发生泄漏。机油泵是整台发动机的润滑动力源头,机油泵性能的好坏直接影响机油压力。

9. 检查活塞冷却喷孔或冷却喷嘴

一旦冷却喷孔或冷却喷嘴堵塞,活塞无法得到及时冷却,可造成拉缸。如果喷嘴脱落,即活塞同样不能得到冷却,大量主油道的机油将直接泄入油底壳,从而造成机油压力降低。

10. 检查发动机凸轮轴的轴承间隙和怠速齿轮的轴承间隙

如果这两处轴承间隙过大,也可造成大量机油泄漏,引发主油道油压降低。

11. 检查曲轴的主轴颈与主轴承、连杆轴颈与连杆轴承的间隙

如果轴承与轴颈间的间隙过大,压力油会泄漏,导致无法在曲轴与轴承间产生油膜,会造成烧瓦现象。

综上所述,发动机的机油压力正常,对发动机正常运转非常重要;机油压力降低的原因也是多方面的,需要根据不同情况具体分析判断。必须强调的是:一旦发生机油压力过低,必须立即停机,从易到难地逐步排除故障,以免发生严重后果。

【故障修复验证】

(1)发动机在运行中发现机油压力过低,应及时停车,约5min后检查油底壳的机油平面是否低于规定值,若低于机油标尺的下刻线,应马上添加同牌号的机油。

(2)抽出机油尺,查看机油有无变质和水分。如果机油变质,应予以更换,并清洗机油道和滤清器滤芯;机油中有水分,应查明水的来源并予以排除,更换新机油。

(3)由于季节变化时未及时换季使用合适黏度的机油,或误加劣质机油或不符合牌号等级的机油,均应及时换用适合季节黏度或牌号的机油。

(4)在使用中如果发动机过热,应考虑机油压力的下降可能是机油因温度过高而变稀所致。在此情况下,先使发动机温度降低,待机油冷却后再起动发动机,机油压力便可正常。因此,在使用过程中应特别注意发动机的温度和机油的散热是否良好。

(5)检查机油滤清器滤芯是否清洁,旁通阀是否畅通。若滤芯达到更换周期或过脏,应及时更换或清洗,并保证旁通阀无卡滞现象,活动自如。

(6)检查集滤器滤网是否过脏。长期未保养的集滤器,因胶质较多,黏结在网罩上,严重影响机油的通过率而使供油压力降低,对此应清洗保养。

(7)检查润滑油道有无沉淀物堵塞,并在保养时予以疏通。

(8)检查限压阀的弹簧是否过软、阀门是否磨损严重。若阀门磨损正常,则应检查弹簧的弹力是否不足。可拆下弹簧,在试验台上检验,一般不允许随意调整。若阀门磨损后不密封而漏油,应总体更换。

(9)最后可检查曲轴轴承、连杆轴承和凸轮轴轴承间隙是否过大,并予以修复。

项目六　冷却系统的拆装与检测

知识目标
1. 叙述发动机冷却系统的组成和作用。
2. 掌握冷却系的大、小循环路线。
3. 掌握冷却系统的工作原理。

能力目标
1. 正确的使用工具和设备。
2. 能够与人沟通，团队协作。
3. 能够正确规范使用检测节温器。
4. 能够正确规范地更换冷却液。

任务一　冷却系统认知

任务目标
1. 能叙述冷却系的组成和作用。
2. 具有冷却系的简单维护、检修与故障诊断能力。

一、冷却系统的作用

发动机冷却系统示意图如图6-1所示。

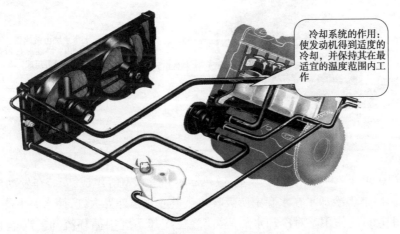

冷却系统的作用：使发动机得到适度的冷却，并保持其在最适宜的温度范围内工作

图6-1　发动机冷却系统示意图

二、冷却系统的分类

冷却系统分为水冷式和风冷式,分别如图6-2、图6-3所示。

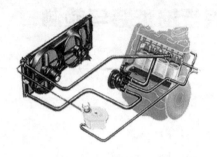 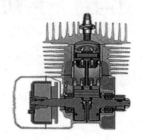

图6-2 水冷式发动机冷却系统　　　　图6-3 风冷式发动机冷却系统

(1)水冷式发动机冷却系统:以冷却液为冷却介质(汽车发动机大都采用水冷)。强制循环水冷:利用水泵强制冷却液在发动机中循环流动。蒸发循环水冷,利用水的温度差使冷却液在发动机中循环流动。

汽缸盖内冷却水温度在353~363K,汽缸壁的温度不超过470~550K。

冷却强度大,易调节,便于冬季启动。

广泛用于汽车发动机。

(2)风冷式发动机冷却系统:以空气为冷却介质,铝合金汽缸体和汽缸盖表面均布了散热片。具有结构简单、重量轻、故障少、使用维修方便等优点,但冷却不可靠,汽车上很少使用。

汽缸盖和汽缸壁的允许温度分别为423~453K和433~473K。

冷却效果差,噪声大,功耗大,仅用于小排量及军车发动机。

引导问题1

水冷系统的结构是怎样的?其主要部件又有哪些?

发动机冷却系统的结构如图6-4所示。

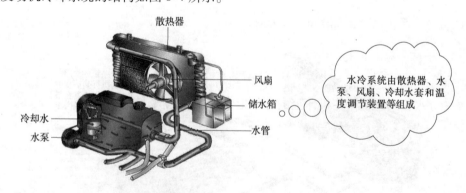

图6-4 发动机冷却系统的结构

散热器(图6-5)又称水箱,由上水室、散热器芯和下水室等组成,安装在发动机前的车架横梁上。其作用是将冷却水在水套中所吸收的热量散发至外界大气,使水温下降。

水泵(图6-6)的作用是对冷却水加压,使之在冷却系统中循环流动。汽车上广泛使用离心式水泵。它具有结构紧凑、泵水量大及因故障而停止工作时,不妨碍水在冷却系统内部自然循环等优点。

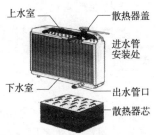

图6-5 散热器　　　图6-6 水泵

风扇(图6-7)通常安排在散热器后并与水泵同轴。用来提高流经散热器的空气流速和风量,增强散热器的散热能力,同时对发动机其他附件也有一定的冷却作用。

节温器(图6-8)的作用是根据发动机负荷大小和水温的高低自动改变水的循环流动路线,从而控制通过散热器冷却水的流量。

节温器装在冷却水循环的通路中,根据发动机负荷大小和水温的高低自动改变水的循环流动路线,以达到调节冷却系统的冷却强度。

图6-7 风扇　　　图6-8 节温器

三、水冷式冷却系统的工作原理

冷却液在冷却系统中的循环路径。冷却液在水泵中增压后,经分水管进入发动机的机体水套。冷却液从水套壁周围流过并从水套壁吸热而升温。然后向上流入汽缸盖水套,从汽缸盖水套壁吸热之后经节温器及散热器进水软管流入散热器。在散热器中冷却液向流过散热器周围的空气散热而降温,最后冷却液经散热器出水软管返回水泵,如此循环往复。在汽车行驶或冷却风扇工作时,空气从散热器周围高速流过以增强对冷却液的冷却。铜制或不锈钢制的分水管或直接铸在机体上的分水道,沿其纵向开有出水孔,并与机体水套相通,离水泵越远出水孔越大,其数目通常与汽缸数相同。分水管或分水道的作用是使多缸发动机各汽缸的冷却强度均匀一致。

有些发动机的水冷系统,其冷却液的循环流动方向与上述相反,可称其为逆流式水冷系统。在这种水冷系统中,温度较低的冷却液首先被引入汽缸盖水套,然后才流过机体水套。由于它改善了燃烧室的冷却而允许发动机有较高的压缩比,从而可以提高发动机的热效率和功率。大多数汽车装有暖风系统。暖风机是一个热交换器,也可称作第二散热器。在装有暖风机的水冷系统中,热的冷却液从汽缸盖或机体水套经暖风机进入水软管流入暖风机芯,然后经暖风机出水软管流回水泵。吹过暖风机芯的空气被冷却液加热后,一部分送到挡风玻璃除霜器,一部分送入驾驶室或车厢。

引导问题 2

冷却系统的功用是使发动机在所有工况下都保持在适当的温度范围内。为什么还要适度冷却呢？冷却系统的循环路线如何？

四、冷却系统的功用及循环方式、路线

1. 功用

冷却系统的功用是使发动机在所有工况下都保持在适当的温度范围内。冷却系统既要防止发动机过热，也要防止冬季发动机过冷。在发动机冷起动之后，冷却系统还要保证发动机迅速升温，尽快达到正常的工作温度范围 85~105℃。

发动机工作温度过高，破坏零件正常配合间隙，导致活塞"咬缸"、轴瓦"抱轴"、柴油机因柱塞卡死而"飞车"等严重事故；使发动机工作过程恶化，容易产生爆燃；零部件的机械强度下降；机油变质，润滑不良，零件磨损加剧等。最终导致发动机动力性、经济性、可靠性、耐久性及排放性能的全面下降。

发动机工作温度过低，造成起动困难，发动机工作，散热损失及摩擦损失增加，零件磨损加剧，CO 及 HC 排放增加等，导致发动机功率下降及燃油消耗率增加。

2. 循环方式、路线

（1）大循环：

当冷却液温度达到规定值时，节温器阀开启。冷却液流经散热器和节温器阀，再经水泵流回发动机，进行大循环（图6-9）。

（2）小循环：

当冷却液温度低于规定值时，节温器阀关闭，进行小循环。此时节温器把冷却液流向散热器的通道关闭，冷却液经水泵入口直接进入机体水套，以便使冷却液能够迅速升温（图6-10）。

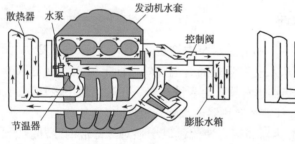
图6-9 大循环

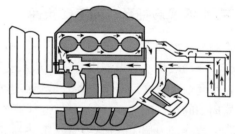
图6-10 小循环

引导问题 3

冷却液是否就是普通的水？如果不是，那具体由什么组成的呢？同样是冷却液，为什么会有不同的颜色？

冷却液并不是普通的水，而是由乙二醇、防腐蚀添加剂、抗泡沫添加剂和水组成。具体的作用是防冻、防沸、防腐、防锈、防垢。

冷却液中，乙二醇占 45%~50%，水占 45%~50%，添加剂占 2%~7%。

其中，乙二醇是扩大液体适应温度区间的核心成分，通过与水的融合，高浓度的冷却液可在 197~-60℃ 内不沸腾、不结冰，不过，这样的产品标价更高，所以，厂家会根据地区以及使用情况的不同来调整冷却液中乙二醇的添加比例。你也会发现不同品牌车型所使用的冷

却液的颜色不同,有粉色的,还有蓝色的等,这些都是着色剂缔造的不同颜色效果,为的是在冷却液发生泄漏时,可以更为醒目的被人所察觉,而颜色上的差异也会很醒目地区分出不同的产品,防止车主误添加爱车不适用的产品。

引导问题4

不同的冷却液是否能够混用?在使用过程中的注意事项是什么呢?

原则上是不建议不同品牌的冷却液产品相互勾兑,因为不同的厂家会使用不同的冷却液配方,添加剂的添加比例也会不同。如果把这些不同的冷却液相互混用,则有可能出现一些不可预知的化学反应,进而腐蚀管路接口处的密封橡胶圈造成密封不严,导致漏水现象的发生。

冷却液的添加如图 6-11 所示。

图 6-11 冷却液的添加

引导问题5

在车辆的保养手册里,厂家会对冷却液的更换周期做出说明,那么,为什么要更换冷却液呢?

在冷却液中含有添加剂和抗泡沫添加剂,这些添加剂会在使用过程中逐渐丧失应有的功能,以至于无法对冷却系统内部进行很好的保护。也就是说,在冷却系统不发生泄漏的前提下,冷却液对于温度的控制基本不会变,但由于添加剂失效,特别是抗泡沫添加剂,在水泵叶轮的搅动下,会使冷却液产生气泡,这种气泡会大大削弱冷却液的效果。所以,冷却液最好能按期更换。

当冷却液因渗漏(图6-12)等原因出现亏损时,有些车主为了图省事或者应急,直接向储液

图 6-12 冷却液渗漏

罐里兑水,这是不提倡的行为,因为被稀释后的冷却液的沸点和冰点都会大大降低,所以,在条件允许的情况下,尽量添加原装冷却液,当然,及时检查漏水原因,尽快修理才妥当。

 知识拓展

1. 电子节温器

电子节温器(图6-13)的作用:依据控制单元的指令改变冷却液的循环路线,控制散热器中冷却液的流量,调节冷却强度。

电子节温器的安装位置:一般安装在散热器回水管内。电子节温器结构如图 6-14 所示。

电子节温器的基本原理(图6-15):传感器采集必要的信息,发动机控制单元对这些信息时刻进行计算,并根据计算结果进行相应控制:激活加热电阻,打开大循环,调节冷却液温度或激活冷却风扇,迅速降低冷却液温度。

相比于石蜡型节温器,电子节温器从结构上来看,它会更稳定些,而且在控制上也会更加的灵活。

图6-13 电子节温器

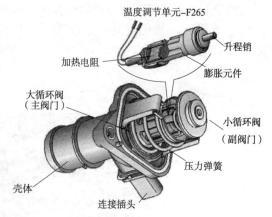

图6-14 电子节温器结构图

图6-15 电子节温器原理

2. 双节温器

(1)双节温器的作用:可以分别对缸体和缸盖的温度进行控制。目的是让缸盖的温度相对更低,从而降低进气温度,提高了充气效率。适当的提高缸体的温度,可以有效降低曲柄连杆机构运行时的摩擦损失。

(2)双节温器的安装位置:一般安装在缸盖水道一侧,如图6-16所示。

(3)双节温器的基本原理(图6-17):对于通过缸体和缸盖的不同温度的冷却水产生一个分开的冷却水导向,分别对缸体和缸盖进行大小循环控制。冷启动时只在缸体开启小循环,使得缸体快速加热,高缸体温度有利于减小曲柄连杆机构的摩擦,降低驱动磨损,同时缸盖的大循环并不会受到影响,因此冷却性能更好,降低进气温度,同时提高充气效率。

双节温器细节图如图6-18所示。

双节温器的冷却系统，可以对缸体和缸盖的温度单独控制

图 6-16　双节温器位置

图 6-17　双节温器原理

图 6-18　双节温器细节

任务二　节温器检测及更换

任务目标

1. 能够正确使用节温器拆装工具。
2. 能够正确拆装节温器并检查节温器的好坏。

任务名称	节温器的检测与更换	组长姓名	
实训日期		任务成绩	
情境预设	一辆丰田威驰车车主进入修理厂反映该车很费油，比原来多耗油 40% 左右，而且发动机水温很低，冷启动困难，尤其是在冬天，容易熄火。经班组长的检查后发现节温器的工作异常，需要对节温器进行拆卸检查，必要时进行更换。		
一、资讯			
1. 节温器的分类？			

169

续上表

2. 发动机大小循环的工作原理?

3. 节温器的作用及工作原理?

4. 节温器的安装位置

二、决策与计划

请根据任务要求,确定所需要的检测仪器、工具,并对小组成员进行合理分工,制订详细的诊断和修复计划。

1. 更换节温器的实施步骤有哪些? 应用到哪些工具?

2. 小组成员分工

3. 诊断和修复计划

续上表

三、实施执行	
（1）工具、材料检查与准备，量具检查与校对；世达工具一套、接水盆1个（图6-19）。	 图6-19　工具、材料检查与准备
（2）关闭点火开关，断开蓄电池负极（图6-20）。	 图6-20　断开蓄电池负极
（3）排放冷却液，拆下空气软管（图6-21）。	 图6-21　排放冷却液，拆下空气软管
（4）转动张紧器，松开多楔皮带，从发电机皮带轮上取下多楔皮带（图6-22）。	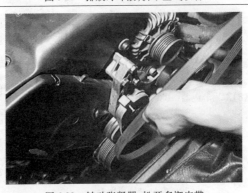 图6-22　转动张紧器，松开多楔皮带

续上表

(5)拆卸节温器(图6-23)。	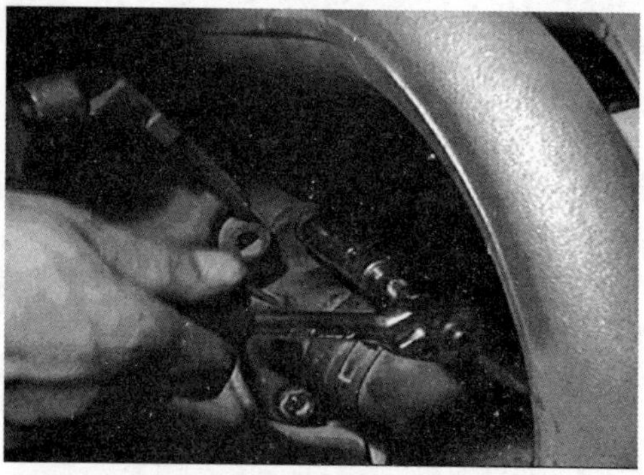 图6-23 拆卸节温器
(6)取下密封圈(图6-24)。	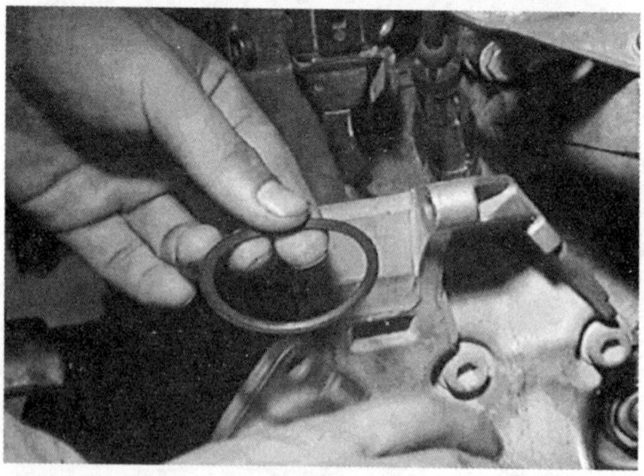 图6-24 取下密封圈
(7)放好橡胶软管(图6-25)。	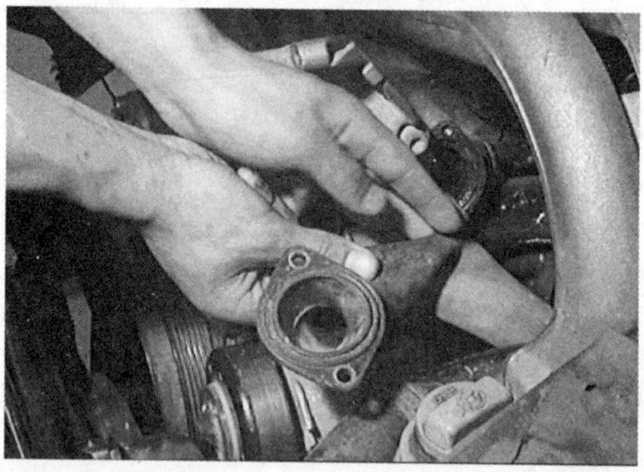 图6-25 放好橡胶软管
(8)取出节温器(图6-26)。	 图6-26 取出节温器

续上表

(9)零件清洁(图6-27)

(10)检测判断节温器的性能。把节温器放在装有热水的容器中(不要放在容器的底部),逐渐提高水的温度,用温度计测量水在阀门开始开启时的温度,再逐渐加热,检查节温器完全开放时的温度。

相关技术参数:

①测定开始开启温度(不应低于82℃);

②测定完全开启温度(不应高于95℃);

③全开时阀门升程(不应小于8mm),不符合规定的,应当更换。

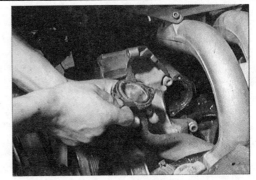

图6-27 零件清洁

四、检查评估

1.请根据自己任务完成的情况,对自己的工作进行自我评估,并提出改进意见。

2.教师对小组工作情况进行评估,并进行点评。

任务三 冷却液的更换

1.能够正确使用拆装工具。

2.能够按照维修手册要求规范更换发动机冷却液。

任务名称	冷却液的更换	组长姓名	
实训日期		任务成绩	
情境预设	服务顾问接车,发现车辆的行驶里程已经超过60000km,需要对车辆进行60000km的保养,所以服务顾问与车间维修技师沟通安排工位,维修技师根据车辆供应商的60000km保养项目内容及要求,对该轿车进行60000km保养,完成后,将车辆和任务单送回服务顾问,最终,由服务顾问将车辆交给客户。此工作任务为60000km保养中第二项,更换冷却液。		

一、资讯

1.冷却液的组成及作用?

续上表

2. 水泵的作用？

3. 水泵的安装位置在哪？

二、决策与计划

请根据任务要求，确定所需要的检测仪器、工具，并对小组成员进行合理分工，制订详细的诊断和修复计划。

1. 更换冷却液的实施步骤有哪些？应用到哪些工具？

2. 小组成员分工

3. 诊断和修复计划

三、实施执行

（1）打开发动机舱盖，将冷却液加注口打开（图 6-28）。
（2）找到放气螺栓位置，并将其旋松。
（3）举升车辆，放置好接油盘。

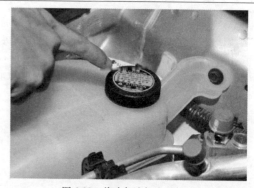

图 6-28　将冷却液加注口打开

174

续上表

(4)找到水箱下水管并将其拔下(图6-29);当冷却液停止流出后将水管安装回位;将车辆下降到距地面30cm处。	 放水,正规操作应该是把车架起来,然后通过放水螺丝把防冻液放走,但如果图方便,也可以直接拔"下水管"的方法来放水速度更快,更彻底 图6-29 拔下水箱下水管
(5)将加注专用工具安装于加注口,将新冷却液加注专用工具,用专用工具加注并观察放气螺栓处,当放气螺栓处无气泡产生后扭紧放气螺栓,将冷却液加至规定刻线(图6-30)。	 加注新的防冻液时要注意"排空气"一边持续加注,另一边拧开上水管旁的螺丝,看到此处有防冻液源源不断涌出,就说明首次加注基本完成 图6-30 加注冷却液
(6)运转发动机片刻后再次观察刻线,若液面下降,则再次添加冷却液至规定刻线(图6-31)。	 首次加注完成之后,启动车辆大约3~5min,让防冻液循环起来此时液面高度会下降,之后关闭发动机再次加注防冻液到壶口 图6-31 再次添加冷却液

相关技术标准及要求:
(1)加注冷却液时,控制液面在规定值范围内。
(2)冷却液具有一定毒性,使用时需注意。
(3)定期更换,一般为2万~4万km更换一次。
(4)避免兑水使用,或不同的冷却液混用。
(5)更换时应放净旧液,将冷却系统清洗干净后,再换上新液。

续上表

四、检查评估
1. 请根据自己任务完成情况,对自己的工作进行自我评估,并提出改进意见。   2. 教师对小组工作情况进行评估,并进行点评。

 故障案例

案例　汽车行驶中发动机过热

【故障现象】

一辆桑塔纳轿车在行驶中有以下现象:①发动机运行过程中,水温表指示超过最高值,或报警灯亮。②散热器有"开锅"现象。③发动机动力下降,加速不良。

发动机运行过程中,水温表经常超过红线,水温报警灯点亮,散热器伴随有"开锅"现象,发动机易出现爆震或早燃现象。

【故障原因】

(1) 冷却系中水量不足,冷却系有漏水之处。

(2) 风扇皮带打滑或断裂,温控开关或电磁扇损坏,风扇离合器接合过晚或损坏。

(3) 节温器主阀门打不开或打开过迟,散热器下部出水管冻结或堵塞。

(4) 散热器和水套内沉积水垢、锈污过厚。散热器上部回水管凹瘪或堵塞。分水管锈烂,分水能力丧失。

(5) 水泵效能不佳或水泵轴与叶轮脱开。

(6) 点火时间过迟,混合气过稀或过浓。燃烧室积碳过多,发动机爆震或早燃。

(7) 汽缸衬垫过薄或缸体、缸盖接合面磨削过多。

(8) 缺机油、机油过稠、机油老化变质,致使润滑性能、散热性能降低。

(9) 汽车超载、长时间用低挡行驶、爬长坡、在天气炎热或高原地区长时间行驶。

【故障诊断】

(1) 检查冷却液液面高度,确定其规格、牌号是否符合要求。检查冷却液是否变质,有无铁锈。

(2) 检查百叶窗能否完全打开。

(3) 检查水温表及水温传感器技术状况,再确认其技术状况是否良好。

(4) 检查风扇皮带是否过松、叶片有无变形、风扇离合器是否失效等。对电动风扇,检查温控开关,将其短接后风扇立即转动,说明温控开关损坏;若风扇仍然不转,应检查线路熔断器、继电器、风扇电机等是否损坏。

(5)检查散热器有无变形、漏水,水垢是否过多,检查其各部温度是否均匀。

(6)触摸散热器及上下水室,若温度较低,表明节温器有故障,应拆检节温器。

(7)检查水泵皮带是否过松、轴承有无松旷、水泵是否漏水等,再起动车检测水泵的泵水能力。检查时用手握住发动机顶部至散热器的通水管,然后由怠速加速到某一高速,如感到通水管内的流速随发动机转速的增加而加快,说明水泵工作正常;否则说明水泵工作不良,应拆检水泵。

(8)检查发动机点火系统、供给系统、机械系统、润滑系统及使用方面的故障。

(9)故障诊断方法:诊断发动机漏水,通常采用检视的方法,即冷却水从哪儿漏出来,就说明故障部位在哪儿。如发现水泵壳体下部的泄水孔处漏水,说明水封损坏。当发现机油池内有水时,如汽缸衬垫完好,缸盖螺栓也未松动,则为湿式缸套下端封水不佳或水封损坏。若排气管冒白烟,则可能是汽缸垫密封不好。有些渗水故障在发动机热车时才表现出来,因渗水量较小,会很快蒸发以至不留痕迹,检查时要多加注意,若经常需要补充冷却液,而水箱又没有开锅,则发动机一定有漏水故障。

项目七 汽油发动机机械总成大修

> **知识目标**
> 1. 明确发动机总成的吊装要求及磨合的重要性。
> 2. 叙述发动机紧固件的使用原则与更换条件。
> 3. 清楚发动机零部件清洗规则。
>
> **能力目标**
> 1. 正确的使用工具和设备。
> 2. 能够与人沟通,团队协作。
> 3. 能够正确查阅维修手册,与同学协作规范拆装发动机总成。

任务一 汽油发动机机械总成大修概述

任务目标

1. 熟悉发动机常见紧固件的使用原则和方法。
2. 能够独立查阅维修手册中的维修数据。

发动机是汽车的动力源,在高温、高压、高速的恶劣条件下工作,其零部件会产生耗损。所谓发动机大修是指主要零部件出现磨损、断裂、破损和变形,造成发动机性能明显下降,在彻底分解后,用修理和更换零件的方法,使其达到完好技术状况和使用寿命的恢复性修理。

一、汽车维修手册的应用

汽车维修手册(图7-1)是汽车产品售后服务的技术文件之一,它专供具有专业技术资格的维修人员使用。一本汽车维修手册通常包含汽车制造厂家从某一年份开始生产的一种或同一系列的几种汽车的维修信息。其内容包括:

(1)维修程序:包括拆装程序、专用工具的使用方法等。
(2)检测程序:包括零件测量方法、专用检测仪器使用方法等。
(3)技术参数:包括发动机在内的汽车各零部件的使用极限、尺寸标准、配合间隙标准、调整要求、日常维护注意事项等。
(4)规格要求:包括各类消耗品的规格要求及各种油液的牌号要求等。

汽车发动机修理手册(图7-2)是为发动机维修提供所需的维护修理信息的技术文件,其内容通常包括:导言、准备工作、维修规范、发动机机械、冷却、润滑、起动和充电、组件、字母索引等内容。在进行发动机拆装维护修理时,必须详细阅读汽车发动机修理手册,尤其是充分掌握在"导言"部分注意事项中的所有内容,同时应遵守"修理手册"中的"注意""小心"等事项,防止危险操作导致人员伤害和车辆损坏与隐患。

图7-1 汽车维修手册

图7-2 汽车发动机修理手册

二、发动机紧固件的使用及更换

1. 螺栓和螺母

引导问题1

发动机上所使用的螺栓和螺母除了大小不同,还有什么不同?

螺栓和螺母的用途是将车辆各部分上的零件紧固在一起。根据用途有各种不同类型的螺栓和螺母。为了正确进行维修服务,了解它们很重要。

1)螺栓

螺栓用不同的名称以区别其尺寸和强度。车辆上使用的螺栓可根据各自区域所要求的强度和尺寸进行选择。

汽车上常用螺栓的类型有:六角头螺栓(图7-3)、U形螺栓(图7-4)、双头螺栓(图7-5)。

图7-3　六角头螺栓　　　　　图7-4　U形螺栓　　　　图7-5　双头螺栓

(1)六角头螺栓:最常见的一种螺栓类型。其中一些在螺栓头下有法兰盘或垫圈。

法兰型:螺栓头部和零件接触的部分面积很大,可以减缓螺栓头部施加给零件的接触压力。这样,有助于减少损坏零件的可能性。

垫圈型:功用与法兰相同。也可用于拧紧比螺栓头更宽孔洞的部件。这类螺栓在螺栓头部和垫圈之间加了一个弹簧垫片,可以减少螺栓松脱。

(2)U形螺栓:螺栓形状类似字母U,用于连接弹簧钢板和车桥。

（3）双头螺栓：用于将各零件定位，或使其装配简化。

2）螺母

螺母有各种类型，如图7-6所示。

六角形螺母（图7-6a）：这类螺母使用最普遍，其中一些在螺母下有法兰盘。

盖螺母（图7-6b）：用作铝制轮的轮毂螺母，并用盖子盖住螺纹。它们用来防止螺栓端部生锈或是为了美观。

槽顶螺母（图7-6c）：这类螺母有多个槽或有带槽的柱面。为防止螺母转动而变松，在槽中插入开口销。

a) 六角形螺母　　b) 盖螺母

c) 槽顶螺母

图7-6　螺母

2. 锁紧装置

引导问题2

发动机上常用的锁紧装置有哪些？

发动机上常见的锁定装置有：锁紧螺母、垫圈、开口销、锁紧板。

（1）锁紧螺母（图7-7）：锁紧螺母有变形螺丝螺纹，或是当其拧紧到位后，其螺丝螺纹变形以防止螺母松脱。它们与汽车的传动零件一起使用。

（2）垫圈（图7-8）：垫圈根据锁定方式通常分为两种类型。

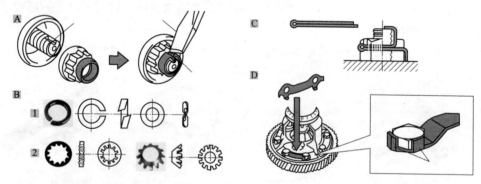

图7-7　锁紧螺母　　图7-8　垫圈

①弹簧垫圈和波形垫圈：垫圈的弹力可以将螺栓或螺母松脱的可能性降到最低。

②牙嵌式垫圈：垫圈一侧有一个齿面，可以提供摩擦力，将螺栓或螺母松脱的可能性降到最低。

（3）开口销：开口销和槽顶螺母配合使用可以实现锁紧功能。它们主要与汽车的转向零件一起使用。

（4）锁紧板：锁紧板的舌片顶着螺栓或螺母安装，以防止紧固件变松。

3. 塑性域螺栓

引导问题 3

塑性域螺栓可以重复使用吗？

一般的螺栓在拧紧时，其被拉伸的变形是处于弹性区域范围的，而所谓"塑性域螺栓"是将螺栓按规定的初始力矩拧紧之后，再将螺栓扭转过一个规定的角度（图7-9），使螺栓变形超出弹性区域范围，使其工作在塑性区域范围，从而降低螺栓因旋转角的不均匀性而造成轴向拉力的不均匀性，获得稳定的轴向拉力。在一些发动机上塑性域螺栓一般用在汽缸盖和轴承盖的锁紧，为了与普通螺栓相区别，其螺栓头内部和外部都是12边形。

拧紧塑性域螺栓的方法不同于拧紧普通螺栓，其拧紧方法为：

(1) 用规定的力矩拧紧塑性域螺栓；

(2) 用记号笔在螺栓顶上作上标记；

(3) 按照维修手册的指示，再拧紧规定的角度（如90°）1次或2次，如图7-10所示。

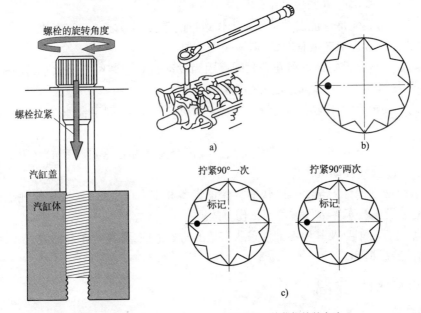

图7-9　螺栓的旋转角度　　　图7-10　拧紧螺栓的方法

由于塑性域螺栓每次拧紧都产生一定的塑形变形，因此在使用被拆卸的塑性域螺栓时，应先进行测量检查，以判定是否可以重复使用。判断塑性域螺栓是否可以继续使用的方法是：

(1) 测量螺栓的收缩：使用游标卡尺测量收缩量最大处的螺栓直径，并与汽车维修手册中的极限值进行对比。如果螺栓直径小于极限值，则必须更换螺栓。

(2) 测量螺栓的伸长：使用游标卡尺测量螺栓的长度，如果测量值超过汽车维修手册中规定的螺栓最大长度极限值，则必须更换螺栓。

三、发动机总成拆卸与装配的原则

引导问题 4

发动机总成在拆卸时需要注意什么？

发动机总成的拆卸并不需要很高的技术，也不需要特别复杂的设备。但是如果不重视

这项工作,则会在拆卸过程中造成零件的变形和损伤,甚至造成无法修复的损坏。发动机总成的拆卸应遵循以下原则:

(1)拆卸前应熟悉总成的结构。可以查阅汽车维修手册,按照拆卸工艺程序进行操作,避免在拆卸过程中造成不必要的损失。

(2)核对装配记号和做好记号。为保证组合件的装配关系,拆卸时应注意核对装配记号,拆卸后应按原位置装好或做好装配记号。

(3)合理使用工具设备。正确使用拆卸工具是保证拆卸质量的重要前提,拆卸时所选工具要与被拆件相适应。如有条件,应尽量使用专用工具。另外,严禁使用手锤敲打零部件工作面。

(4)零部件存放。同一总成或组合件的零部件拆开后尽量放在一起,避免丢失或造成装配时间的浪费。

引导问题5

发动机总成在装配时需要注意什么?

发动机总成的装配是保证发动机正常工作运行的重要环节之一。汽车维修企业在制定发动机总成装配的合理工艺流程时,一般遵循以下原则:

(1)时间上要尽量缩短装配所花费时间。因为发动机总成装配空间狭小,操作不便,所以配件的装配尽量在台架上完成,提高装配速度。

(2)工艺上要根据汽车车身结构特点以及发动机自身特点,制定合理有效的发动机总成装配工艺。

(3)工具上要配备方便、快捷的安装工具。维修企业要配备常见车型的专用工具,以免造成效率低,甚或损坏发动机机件。

(4)吊装时必须保证安全、可靠、快捷。保证设备和工具的完好性,操作的规范性,提高安全意识,避免发生汽车零部件碰撞或工伤事故。

(5)防护上应对车身及其他零部件采取有效的防护措施,避免对车身油漆、装饰件、灯具及机械零部件造成损坏。

四、发动机零件的清洗

引导问题6

在清洗发动机零部件时需要注意什么?

在发动机检修中,零部件的清洗是一项比较重要的工作。零部件的污垢包括:表面积碳等沉积物、润滑材料的残留物等。由于这些污垢各有不同的性质和特点,且往往都具有较高的附着力。因此,当发动机总成分解后,必须对零件进行彻底的清洗,以清除零件的油污、积碳、结胶、水垢等,使发动机总成的装配得以顺利进行。此外,清除污垢、洗涤发动机零件表面,可以提高零部件测量的准确度,易于发现零部件故障,如异常磨损、裂痕等,从而采取相应的修理措施。

1. 零部件的清洗工艺方法

(1)手工清洗。在汽车维修过程中,有时要用刮刀、锯片或刷子等工具,手工清洗活塞、气门、气门导管、缸口、喷油器、燃烧室等零部件上的积碳、油漆、结胶密封材料等。在手工清洗过程中,可视需要利用清洗剂在清洗箱或盆中进行。

(2)高压喷射清洗。利用射流式高压喷射器提供的常温或热的高压清洗剂,清洗汽缸体、汽缸盖和变速器壳体等体积较大的零部件。

(3)冷浸泡清洗。将需要清洗的零部件放置在网状筐中,或用铁丝悬吊住,在置于盛有冷浸化学剂的清洗箱中,上下运动几次即可清洗干净,然后用清水清洗,并用压缩空气吹干。这种清洗方式适合用于化油器零部件的清洗,可有效地清除胶质、油漆、油泥和其他沉淀物。

(4)热浸泡的清洗。将一定浓度的氢氧化钠溶液置于蒸煮池中,加热至80~90℃,将零部件放入浸泡。这种方法对清洗零部件上的油漆、油泥及水道内部的铁锈和沉积物等有效且经济。如果利用旋转式清洗机对零部件进行热喷射,则效果更佳。

(5)蒸汽清洗。将含皂质的水加温产生蒸汽,并经增压后喷射到零部件上,在喷射摩擦力的作用下除掉零部件的脏物。

(6)超声波清洗。超声波是一种交变声压,当它在液体中震动传播时能使液体介质呈疏密状态,产生超声波空化效应。当超声波的震动频率和强度达到一定程度时,不断形成足够数量的空腔,然后不断闭合,在无数的点上形成数百兆帕的爆炸力和冲击波,对油污、积碳产生极大的剥离作用,加上清洗液的热力和化学作用,可获得良好的清洗效果。清洗时,可根据零部件的大小选择不同型号的超声波清洗机,并按使用说明书的要求严格操作。

2. 发动机主要零部件的清洗

(1)使用刮刀、刷子和油石

如果零部件上附着有积碳,可用刮刀刮去并用刷子和油石清洁。注意钢丝刷会损伤塑料零部件,应根据部件的材质选择适当的刷子。注意不要使零部件表面变形或者损伤。损坏衬垫安装表面将造成漏水、漏油或漏气。

(2)使用洗涤油

用刷子和洗涤油清洁。煤油或汽油将造成橡胶部件或者塑料部件老化,因此这些零部件不能用煤油或者汽油清洁。使用煤油或者汽油清洁后,用压缩空气将其冲掉,然后消除湿气并在部件上涂防锈油,如发动机机油。

(3)使用压缩空气

使用压缩空气吹扫灰尘、湿气或者油污。使压缩空气朝下吹出,这样可避免灰尘四处飞扬或对健康产生危害。

(4)清除零部件表面的润滑脂

冲洗后,用干净的汽油等清除附着在表层上的润滑脂。如果有油或者润滑脂附着在密封填料、密封剂、垫片等上,它们就不能牢固地连接在一起,从而造成漏油。

(5)密封胶和垫片的清洁方法

在清洁密封胶和垫片时,注意不要造成涂有密封剂的表面损伤。涂有密封剂的表面上如有任何油或异物,将不利于接合面的紧密黏结并导致漏油。

五、发动机大修后的磨合

引导问题7
发动机大修之后为什么一定要磨合?

1. 汽车发动机磨合作业的重要性

发动机经过大修后,大部分零部件经过加工修理或换用新件,如汽缸(套)、活塞、活塞环、曲轴、轴承等。这些主要零部件虽然经过精加工,零部件的尺寸精度、形位公差、表面粗糙度等已达到技术要求,但在零部件表面仍会留有加工痕迹及形位误差。以微观角度来看,仍会存在垂直度、平行度、圆度、圆柱度及表面粗糙度等微量缺陷,加上配合副的装配误差,使各配合副的实际接触面只发生在局部,而不是整个表面接触。因此,未经磨合的各配合副,其实际接触面积要比理想接触面积小得多。由于接触面积小,单位面积上的压力将很大,如果此时发动机立即投入全负荷运转,在高速大负荷情况下,局部接触点将受较大的集中载荷,在过大的单位压力作用下,接触点间的油膜将遭到破坏,使金属之间直接接触,产生剧烈的磨损,磨下的金属屑粒夹在零件的摩擦表面之间,又将引起嵌入、划伤等。有些接触点还会因此产生局部高温,发生黏着磨损,导致零部件表面烧灼或严重拉伤等。因此,新装配的发动机必须进行磨合。

磨合的目的是提高零部件的表面质量,以最小的磨损量和最短的磨合时间,尽快建立起适合工作条件要求的配合表面,防止破坏性磨损,延长发动机的使用寿命。在磨合过程中,还可以检查和消除装配中的缺陷,按要求对各可调部位进行调整,使工作关系更为协调,保证发动机的修理质量。

2. 汽车发动机大修后的磨合方法

发动机大修后的磨合方法分为冷磨合和热磨合。

1)冷磨合

冷磨合是指将大修装配好的或部分装配好的发动机,用专门的驱动装置带动运转,对汽缸、活塞、活塞环、曲轴轴颈、轴承等主要摩擦副进行磨合。影响冷磨合的重要因素是发动机转速,转速过高,使摩擦表面温度过高,油膜易受破坏而导致磨损大;转速低,润滑油供应不足,磨损也会增大,磨合速度又慢。因此,选择合适的转速,由低至高分几个阶段进行磨合非常必要,为了进一步观察,在冷磨合时可以从机油压力感应塞位置引出一根油管,接上一个直感式油压表,以便观察油压变化,从而对发动机转速进行合理选择和及时调整。磨合一段时间后,逐渐适量提高转速,可缩短磨合时间。在冷磨合的整个过程中,要注意观察各机件的工作情况和机油压力,发现有不正常现象时,应立即停止磨合,待排除后方可继续进行。此外,为了及时清除摩擦表面的铁屑,带走摩擦热量,保护油膜,在冷磨时应选用低黏度的优质机油较好。冷磨转速为 400~1400r/min,分四个阶段,冷磨时间约 60min,每阶段为 15min。冷磨后将发动机进行分解,重点检查活塞、活塞环与汽缸的接触情况,有无偏缸现象,各机件配合是否正常。最后,彻底清洗各机件,进行装复。

2)热磨合

由于零件表面的微观不平随着磨合过程的渐进而逐步得到改善,因此,磨合初期不应施加任何负荷,然后可逐步从小到大增加负荷,避免由于负荷不当而发生过度磨损。所以,除以上的冷磨合外,还须进行热磨合,通过热磨合进一步磨合摩擦表面,增大接触面积;进一步消除几何形状和位置误差,使配合间隙进一步趋于正常,润滑条件进一步改善。通过调试及时消除隐患,使发动机工作正常,延长零件使用寿命。热磨合分为无负荷热磨合和有负荷热磨合两个阶段,发动机冷磨合时磨合速度较大,无负荷热磨合时速度较小,对磨合作用不大,但可以利用这一阶段检查发动机的运转情况,排除故障,为有负荷热磨合做好准备。

(1)无负荷热磨合试验

先怠速热磨合,使发动机怠速或低速运转 1h,冷却水温度应保持在 75~85℃ 之间,再逐步提高转速至 600~1400r/min,允许短时间达到 2000~2400r/min。在运转中进行各种必要的测量、调整和检查,如测量汽缸压力、进气歧管的真空度、调整点火正时、气门间隙等,检查发动机是否漏水、漏油、漏气、漏电,试听发动机是否有异响或运转不正常现象,检查各种指示表是否正常,排烟是否正常,检查起动性、加速性、工作稳定性等。

(2)有负荷热磨合试验

由于负荷的增加,加快了磨合速度,缩短了磨合时间,发动机的有负荷热磨合试验,一般可以通过水力测功器加负载,初始负荷为额定负荷的 10% ~ 15%,以后可以每 200r/min 的转速和 3.5 ~ 4kW 的负荷递增。连续测 5 个点,测定发动机的功率和油耗,确定发动机的性能指标,磨合期内应减少发动机在较大负荷条件下的工作时间,不能做满负荷试验,以免损伤发动机。热磨合试验后应抽出活塞,检查汽缸、活塞、活塞环、曲轴各轴颈轴承的磨合情况,及时排除隐患,然后按要求装配、紧固、调整及更换机油与机油滤芯,清洗机油滤清器,以确保发动机的修理质量。

任务二　汽油发动机整体拆装

1. 正确使用工具和设备。
2. 与同学协作,规范拆装发动机部件。
3. 正确清洗发动机各零部件。

任务名称	汽油发动机整体拆装	组长姓名	
实训日期		任务成绩	
情境预设	一部 2010 年产的丰田威驰轿车进厂维修,客户反映该车近几个月来燃油消耗量明显增加,动力有所下降,启动比较困难。初步检查,该车机油中有少量金属屑,发动机怠速运转不稳,在急加速时,排气管有蓝烟冒出。测量汽缸压力,各汽缸压力均低于标准。经客户同意,拆卸汽缸盖检查,发现汽缸磨损严重,燃烧室中有大量积碳。根据上述情况,维修技师向客户建议该发动机应进行解体大修。		

一、资讯

1. 发动机整体拆装时遵循的原则是什么?有哪些注意事项?

答:

2. 发动机各零部件进行清洗时需要注意什么?

答:

二、决策与计划

请根据故障现象和任务要求,确定所需要的检测仪器、工具,并对小组成员进行合理分工,制订详细的诊断和修复计划。

续上表

1. 发动机在拆装时需要用到哪些专用工具？请列举出至少 5 种专用工具。 答：   2. 小组成员分工。 答：   3. 诊断和修复计划。 答：
三、实施执行
1. 发动机的拆解 由于发动机的拆解过程大致相同，在这里只给出发动机拆解过程中需要注意的事项：

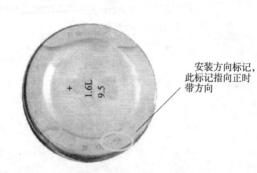

图 7-11　安装方向标记

（1）在进行发动机的分解作业时，一定要注意发动机各零部件的紧固螺栓或螺母的拆卸顺序，还要处处留意发动机各机件上所标记（图 7-11）的安装顺序，以免复装时装错位置，造成不良后果。若没有安装标记，必要时要人为在零件表面做标记（图 7-12）。

图 7-12　必要时人为做标记

续上表

(2)分缸高压线与分电器的拆卸:拔下分缸高压线(图7-13),旋松分电器紧固螺栓,并取下分电器(图7-14)。该发动机的分电器由凸轮轴直接驱动。	 图7-13 取下高压线  图7-14 拆卸分电器
(3)节气门体的拆卸(图7-15):旋下节气门体与进气管的紧固螺栓,并取下节气门体(图7-16),若没有必要,不要轻易取下节气门位置传感器,取下重装时需调整。	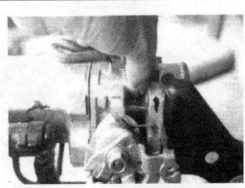 图7-15 节气门的拆卸  图7-16 取下节气门体

续上表

	图 7-17 正时标记
(4) 凸轮轴与曲轴带轮上的正时标记如图 7-17 所示。对准标记如图 7-18 所示。	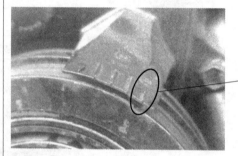图 7-18 对准标记
(5) 正时带自动张紧机构与其拆卸：张紧弹簧（图 7-19）将张紧轮拉紧，以起到正时带的张紧作用，用尖嘴钳把张紧弹簧从其座孔中拉出（图 7-20）。	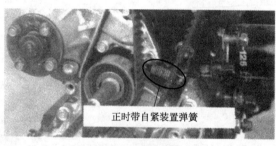图 7-19 装置弹簧 图 7-20 用尖嘴钳把张紧弹簧从其座孔中拉出

续上表

（6）凸轮轴轴承盖紧固螺栓的拆卸顺序如图7-21所示，要严格按照顺序拆卸。	 图7-21　按顺序拆卸
（7）汽缸盖紧固螺栓拆卸顺序如图7-22所示。	 图7-22　汽缸盖紧固螺栓
（8）用扭力扳手旋松连杆螺栓盖锁紧螺母（图7-23），取下轴承盖，用木棒轻轻将连杆敲出（图7-24）。	 图7-23　扭力扳手旋松连杆螺栓盖锁紧螺母  图7-24　用木棒轻轻将连杆敲出

(9)用木棒将曲轴锁住(图7-25),拆下飞轮的紧固螺栓(图7-26)。	 图7-25 用木棒将曲轴锁住  图7-26 拆下飞轮的紧固螺栓
(10)拆下曲轴的主轴承盖(图7-27),注意第三道轴承盖上的止推衬垫要取出(图7-28)。	 图7-27 拆下曲轴的主轴承盖  图7-28 取出止推衬垫

续上表

2. 发动机零部件的清洗	
1)曲轴及曲轴轴瓦的清洗 (1)清洗曲轴。 提示： ①将曲轴置于清洗油盘中，使用软毛刷和汽油（或溶剂）彻底清洗（图7-29），特别是各个轴颈。 ②用细铁丝对曲轴油道进行疏通，清除油道内杂物。 ③用压缩空气吹干曲轴。 ④吹干时为避免飞溅，应使用抹布遮挡。	 图7-29 使用软毛刷和汽油（或溶剂）彻底清洗
(2)清洗曲轴轴瓦。 提示： ①将各轴瓦按顺序置于油盘中，使用软毛刷和汽油（或溶剂）彻底清洗（图7-30）。 ②用压缩空气逐个吹干，并检查是否有损坏。按顺序摆放好。 ③各道轴瓦顺序不能错乱。	 图7-30 软毛刷和汽油（或溶剂）彻底清洗
2)活塞的清洗 (1)使用铲刀，清除活塞顶面积碳（图7-31）； (2)用软毛刷和汽油将活塞清洗干净（图7-32）。 提示： 不要使用钢丝刷，以防损坏活塞。	 图7-31 铲刀清除积碳  图7-32 软毛刷清洁

续上表

（3）按照顺序，依次清洗1～4缸的活塞（图7-33）。 提示： 按活塞上标记的顺序摆放。	 图7-33 软毛刷按顺序清洁
（4）用清洗剂清洗活塞环槽，清除环槽内污垢（图7-34）。 提示： ①清洗剂不能直接喷向人体，特别是眼睛。 ②清洗剂为易燃物，在使用过程中周围不能有火种。	 图7-34 清洁剂清洁
3）汽缸体的清洗 （1）清洗汽缸体内壁（图7-35）。 提示： ①用软毛刷和汽油将汽缸体内壁清洗干净。 ②清洗时应将汽缸体置于油盆中，以免造成清洗油液对环境的污染。	 图7-35 清洁汽缸内壁
（2）清洗曲轴轴承座。 提示： 用软毛刷和汽油将曲轴轴承座工作面和油槽清洗干净（图7-36）。	 图7-36 软毛刷清洁

续上表

(3)吹干汽缸(图7-37)。 提示: ①用压缩空气吹净内外面及孔道。 ②为防止气流带动表面残液飞溅,用抹布逆气流方向遮挡。	 图7-37 吹干汽缸
4)凸轮轴的清洗 (1)清洗凸轮轴。 提示: 将凸轮轴置于油盘上,用软毛刷和汽油将凸轮轴上凸轮轴颈、凸轮凸缘和链轮上各齿清洗干净(图7-38)。	 图7-38 软毛刷清洁
(2)吹干凸轮轴(图7-39)。 提示: ①将凸轮轴置于油盘上,用压缩空气吹干凸轮轴。 ②为防止气流带动表面残液飞溅,用抹布逆气流方向遮挡。	 图7-39 吹干凸轮轴
(3)清洗凸轮轴轴承盖。 提示: 将凸轮轴轴承盖置于油盘中,用软毛刷和汽油溶剂将轴承盖和固定螺栓上污垢清洗干净后,再用压缩空气吹干(图7-40)。	 图7-40 软毛刷清洁轴承盖

193

续上表

(4)清洗链条。
提示：
将凸轮轴传动链条置于油盘中，用软毛刷和汽油溶剂将链条上污垢清洗干净后，再用压缩空气吹干净(图7-41)。

图7-41 软毛刷清洁链条

5)汽缸盖的清洗
(1)清洗燃烧室。
提示：
①将汽缸盖置于油盘上搬转到合适的位置，用软毛刷和汽油溶剂清洗燃烧室(图7-42)，将油污和积碳清洗掉。
②在清洗过程中不能损坏汽缸盖下端平面，以免影响汽缸的密封性。

图7-42 软毛刷清洁燃烧室

(2)清洗气门室。
提示：
将汽缸盖置于油盘上搬转到合适的位置，用软毛刷和汽油溶剂清气门室(图7-43)，将油污和杂质清洗掉。

图7-43 软毛刷清洁气门室

(3)吹干汽缸盖(图7-44)。
提示：
用压缩空气将气门室吹干净。

图7-44 吹干汽缸盖

续上表

6)清洗机油泵 (1)清洗机油泵。 提示： 将机油泵置于油盘中，用软毛刷和汽油溶剂将机油泵上污垢清洗干净(图7-45)。	 图7-45　软毛刷清洗机油泵
(2)吹干机油泵。 提示： 用压缩空气将机油泵内杂质吹干净(图7-46)。	 图7-46　吹干机油泵
(3)清洗集滤器。 提示： 将集滤器置于油盘中，用软毛刷和汽油溶剂将集滤器上污垢和杂质清洗干净(图7-47)。	 图7-47　软毛刷清洗集滤器
7)其他部件的清洗 (1)清洗大油底壳。 提示： 用软毛刷和汽油溶剂将大油底壳上污垢和杂质清洗干净(图7-48)。	 图7-48　软毛刷清洗大油底壳

续上表

(2) 清洗小油底壳。 提示： 用软毛刷和汽油溶剂将小油底壳上污垢和杂质清洗干净（图7-49）。	 图7-49　软毛刷清洗小油底壳
(3) 吹干油底壳。 提示： 用压缩空气将油底壳吹干净（图7-50）。	 图7-50　吹干油底壳

3. 发动机的装配

(1) 准备好装配曲轴所需工具和零部件，并在下轴瓦上涂抹润滑油（图7-51、图7-52）。

图7-51　准备所有部件

图7-52　涂抹润滑油

(2) 在第三道轴承上装入止推垫，并将曲轴放入（图7-53、图7-54）。

图7-53　装入止推垫

图7-54　放入曲轴

续上表

(3)在曲轴的各轴颈上涂上润滑油,在第三道轴承盖上装上止推垫并装入(图7-55、图7-56)。

图7-55 涂抹润滑油　　　　　　　　　　图7-56 轴承盖上装上止推垫并装入

(4)装入各道主轴承盖及装上锁紧螺栓,并按规定力矩旋紧(图7-57、图7-58)。

图7-57 装入各道主轴承盖及装上锁紧螺栓　　　　图7-58 按规定力矩旋紧

(5)装入曲轴后端油封端盖并旋紧(图7-59、图7-60)。

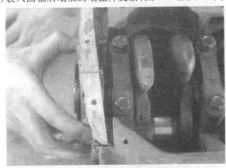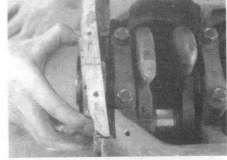

图7-59 装入曲轴后端油封端盖　　　　　　图7-60 旋紧油封端盖

(6)对照曲轴前端油封盖内的机油泵与曲轴前端配合图,按规定装入并旋紧紧固螺栓(图7-61、图7-62)。

图7-61 曲轴前端油封盖内的机油泵与曲轴　　　　图7-62 按规定装入并旋紧紧固螺栓
　　　　前端配合图

(7)将曲轴撬向一边,用塞尺检查曲轴的轴向间隙(图7-63、图7-64)。

图7-63　将曲轴撬向一边

图7-64　用塞尺检查曲轴的轴向间隙

(8)安装飞轮挡板与飞轮,飞轮紧固螺栓要按规定力矩旋紧(图7-65、图7-66)。

图7-65　安装飞轮挡板

图7-66　飞轮紧固螺栓要按规定力矩旋紧

(9)活塞连杆装入前的准备:测活塞的侧隙,其余相应检测,应按曲柄连杆机构检修项目进行(图7-67、图7-68)。

图7-67　准备零部件

图7-68　测活塞的侧隙

(10)在汽缸内表面和活塞表面涂上润滑油,并将活塞装入汽缸(图7-69、图7-70)。

图7-69　涂上润滑油

图7-70　将活塞装入汽缸

续上表

(11)用专用工具夹住活塞环,用木棒轻轻将活塞敲入汽缸并敲到位(图7-71、图7-72)。

图7-71 专用工具夹住活塞环　　　　图7-72 用木棒轻轻将活塞敲入汽缸并敲到位

(12)安装轴承瓦盖并用扭力扳手按规定力矩旋紧,其余汽缸的活塞装入方法与之相同(图7-73、图7-74)。

图7-73 装轴承瓦盖　　　　图7-74 用扭力扳手按规定力矩旋紧

(13)装上机油集滤器并装上油底壳,将机体翻转,装入新的汽缸垫,注意缸垫的安装方向(图7-75、图7-76)。

图7-75 装上机油集滤器并装上油底壳　　　　图7-76 装入新的汽缸垫

(14)抬上汽缸盖,并先旋上紧固螺栓(图7-77、图7-78)。

图7-77 抬上汽缸盖　　　　图7-78 先旋上紧固螺栓

续上表

(15) 用扭力扳手按规定顺序、规定力矩旋紧汽缸盖紧固螺栓(图7-79)。

图7-79 紧固螺栓

(16) 做好凸轮轴安装前的准备工作,在轴承盖上涂上润滑油(图7-80、图7-81)。

图7-80 凸轮轴安装前的准备

图7-81 轴承盖上涂上润滑油

(17) 装入液压挺柱(图7-82)。

a)

b)

图7-82 装入液压挺柱

(18) 先装入进气凸轮轴,再将排气凸轮轴装入(图7-83、图7-84)。

图7-83 装入进气凸轮轴

图7-84 将排气凸轮轴装入

(19)进排气凸轮轴的装配标记要对正,装入轴承盖并旋紧(图7-85、图7-86)。

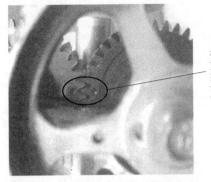

图7-85 进排气凸轮轴的装配标记要对正

图7-86 装入轴承盖并旋紧

(20)拆下进气凸轮轴上的维修用螺栓(图7-87)。

图7-87 拆下进气凸轮轴上的维修用螺栓

(21)装上转向助力泵支架和水泵。
(22)装上发电机安装支架和空调压缩机支架。
(23)装上发动机前端支架。
(24)安装曲轴正时带轮和正时带张紧轮。
(25)对好曲轴正时标记(图7-88)。
(26)装上正时带前将正时带张紧轮自紧弹簧拉紧。
(27)装上正时带护罩。
(28)装上水泵带轮。
(29)装上分电器并注意分电器与凸轮轴的配合(图7-89)。

图7-88 将曲轴正时标记对好

图7-89 分电器与凸轮轴的配合

（30）装上汽缸盖罩盖。 （31）装上进、排气歧管及其支架。 （32）装上节气门体和节温器座。 （33）装上转向助力泵和发电机。
四、检查评估
1.请根据自己任务完成的情况，对自己的工作进行自我评估，并提出改进意见。   2.教师对小组工作情况进行评估，并进行点评。